imagen de portada: https://www.izquierdadiario.es/Chalecos-amarillos-la-provocacion-de-Macron-contra-una-mujer-herida-por-la-represion

DL ZA 138-2025

ISBN: 978-84-18885-61-7

www.edicionesinvasoras.com

ÍNDICE

ODESA

Esmeralda Gómez Souto

Prólogo

En estos tiempos que corren, uno de los conceptos básicos más vapuleados es la verdad. Lo que comenzó con las *fake news* y siguió con palabrejas como *posverdad*, ha terminado en una auténtica industria de la mentira de la que se alimentan —y engordan cada vez más—, las extremas derechas del mundo. Estamos asistiendo a la destrucción del suelo común sobre el que podemos confiar los unos en los otros, y eso conduce a la destrucción de la sociedad. Siempre que nos contaban el fascismo, nos hablaban de militarismo, de nacionalismo extremo o de violencia. Creo que poco hincapié se hizo en lo más perverso de todo: la mentira institucionalizada como forma de acceso y de gestión del poder. Pero, y aquí está lo más perverso de todo, ese poder no podría sostenerse si la gente común no hubiera decidido aceptar esos embustes de forma consciente.

Odesa es verdad rotunda. Primero porque está inspirada en unos hechos reales y terribles acaecidos en Ucrania en 2014, a los que el público general asistió como se asiste hoy a las tragedias humanas, bostezando ante el televisor. La mayoría vivió aquello indiferente, pero no es extraño. Lo más perverso de las dictaduras es que los que más las sufren son los que se oponen a ella, y después, las minorías que han sido usadas como chivo expiatorio para llegar al poder. La mayoría puede seguir haciendo su vida como siempre, indolente a lo que les pase a otros. Pero al final, todos pagan el precio. Las consecuencias de aquellos días se sienten hoy en toda su crudeza con una guerra que ha dejado un país de viudas y huérfanos, pero también con unas derivaciones geopolíticas que han cambiado —a peor— el mundo en el que vivíamos. Afortunadamente, Esmeralda Gómez es impermeable al estado de propaganda de guerra continua en el que vivimos, y coloca el foco en el nudo gordiano del asunto, allí donde la propaganda siempre evita entrar. Es obligación, entonces, del creador, ir a donde está la verdad. Quizá cuando todos los demás fallan, solo nos quedan los artistas.

Pero la obra no es real y sincera solo por eso. Dejando de lado autobiografías y autoficciones, —tan omnipresente este prefijo en todo producto cultural en este siglo, rendido a las introspecciones de la clase media—, la labor de todo creador es imaginar personajes ajenos a uno mismo y situaciones en las que nunca ha estado. Un autor puede llevar a sus personajes a la China, a Vallecas, al pasado, al futuro o al espacio sideral, pero su misión es encontrar en esas criaturas de ficción la parte de uno mismo que permita contarlos desde la honestidad. *Odesa* está escrita desde la verdad. Esmeralda habla desde la verdad de una madre, que sufre como solo puede hacerlo una madre, pero que antes fue hija y sintió la llamada de sus entrañas a militar por la decencia y a plantar cara al horror. Si se siente dolor y angustia por esa madre, o si se siente la misma rabia que Natalia ante la injusticia y la crueldad, es porque la autora lo ha sentido antes. Si el autor no llora primero, difícilmente podrá hacerlo el público. Si a usted, lector o lectora, *Odesa* le despierta todos estos sentimientos, no solo me atrevo a decir que la obra funciona y conmueve y, por tanto, cumple el propósito al que toda obra debe aspirar, sino que aún hay esperanza. Aún no todo está perdido si somos capaces de conmovernos ante la barbarie.

Mariano Pinós

Septiembre de 2025

A mi madre, que confía en mí incluso cuando yo misma no lo hago.

I

Entra una mujer con rostro desencajado. Se quita el abrigo y lo coloca en el respaldo de la silla. Todos sus gestos son delicados. O quizás son muestra de un desgarro entre su cuerpo, que repite mecánico los movimientos cotidianos, y su mente, perdida ya en lo más hondo de una tumba que solo se puede visitar en silencio. Se sienta y suspira ensimismada.

Por el lateral izquierdo del escenario entra una chica. Tiene el rostro desfigurado por los golpes. Un ojo hinchado, la nariz rota, restos de sangre seca en el oído, en las fosas nasales, las encías... Distintos moratones en el rostro, en las partes a la vista de su cuerpo. El pelo chamuscado. También su ropa está medio quemada y deja percibir algo de carne entre las costuras abiertas. Es Natalia. Y la que está sentada la mesa de la cocina, convertida solo en restos de carne y vísceras, es su madre.

NATALIA

Mamá... Mamá... Mamá... dime algo. Joder, toda la vida creyendo en fantasmas y en mitos de la otra vida y ahora ni te das cuenta de que estoy a tu lado.

Y yo, que no me creía nada, ya ves... aquí estoy, tratando de llamar tu atención. Mamá... mamá... Tienes que sentirme de alguna manera. Coño, eso de que el corazón de una madre lo nota todo de sus hijos es verdad, ¿no?

Bueno, no sé, se ve que no, porque aquí estoy yo como una aparecida y tú sin darte puta cuenta. Perdón, ya sé que no te gusta que use estas palabras. Pero total, si no me oyes, qué más da ya.

Ahora que estoy muerta, voy viendo que hay muchas cosas que nos habían contado que no son verdad. En las películas, todos los aparecidos tienen muy buen aspecto. Con ropajes blancos y cierta aura brillante. Limpios y presentables. Pues ya ves que no. Yo estoy...

pues como me han dejado... No es la mejor forma de recordarme, pero no puedo presentarme de otra manera, qué voy a hacer.

De pronto suena el teléfono de la madre. Lo saca del bolso y corta la llamada. Después permanece igual, sentada en la silla sin nada más que hacer que suspirar de cuando en cuando.

Mamá... Mamá, escucha. Tengo algo que decirte, algo que quiero que sepas. Después me iré. Me iré del todo, porque ya me he ido, pero sigo aquí. Qué contradicción más insultante. Mamá, yo...

Se sitúa detrás de su madre y le sopla en la oreja. La madre permanece imperturbable.

Mira que te daba rabia cuando me acercaba despacio por detrás de ti y te soplaba en la oreja. Y ahora nada. Es como si solo quedara de ti la envoltura. Joder, qué puta mierda... Si es que, me entra una rabia infinita. Pero no se me nota nada, es solo por dentro, por fuera tengo una paz... Y mira que mi final fue tortuoso, pero nada, ahora ni capacidad de dar cuatro gritos me ha quedado.

Y bien que me gustaría darlos cuando veo lo que dicen, cuando veo las noticias de los mentirosos, de los innobles, de los difamadores. No les importa mentir, les da igual, porque son cobardes, mercenarios, gentes sin honor, sin principios, *lamebotas* de sus amos, perros que clavan las lentes de sus cámaras en los rostros de los muertos, ejecutores de la pornografía informativa. Retrasmitieron mi muerte en directo, adornada con música épica de baja calidad y alta emocionalidad. La vi después en las pantallas. Parecía un videojuego. Un fotomontaje construido con secuencias de nuestras muertes y de otros acontecimientos que nada tenían que ver con lo sucedido; acontecimientos de otros tiempos y de otras ciudades, que servían para rellenar los huecos y, oye, eso qué coño más da, a ver si la verdad va a tener que venir a estropearnos el cuento.

¡Me cago en vuestra puta vida! Es que no se puede caer más bajo. Es que no se puede ser más asqueroso. Que ni el descanso de una madre respetáis con vuestra puta manipulación interesada. ¿Y para qué? ¿Para qué? Para que os pasen la mano por el lomo. Y os llenen la cuenta corriente. Pero es que cuando todo esto estalle y os dé en la cara, ¿qué vais a hacer con vuestro puto dinero? No os va a dar tiempo ni a tragároslo. Os lo aviso. Que ya sé que no me oís, pero yo, os lo aviso, panda de miserables.

Ay, qué ligera me he quedado. Aún más. Bueno, parece que mantengo un poco la rabia y vuelvo a ser más yo. No sé por cuánto tiempo.

Tampoco sé cuánto tiempo voy a seguir así. Muerta y enterrada y fantasma de esta casa. Supongo que, poco a poco, me iré descomponiendo, me diluiré con el paso del tiempo, como los bancos de niebla. Y una mañana cualquiera, en el mismo silencio en el que ahora te acompaño, habré desaparecido. Y tú no notarás ninguna diferencia.

El fantasma de Natalia se sienta en la silla vacía al otro lado de la mesa y habla con su madre, aunque ésta siga sin percatarse de la presencia espiritual de su hija.

No sé por qué sigo aquí, mamá. Debo tener algún asunto pendiente. Bueno, cuando te matan con veintitrés años, pendiente lo tienes todo. Tienes pendiente la vida. El hacerte vieja. Las muescas en la piel de tantas batallas, las arrugas, las tetas que te cuelgan. La nostalgia de la juventud. Eso es algo que nunca tendré. Nostalgia. Porque no me ha dado tiempo. Alguien estampó una barra de hierro en mi cara bien pronto y ya ves... Pero aparte de eso, de la vida en general, pendiente, pendiente.... Pues no. He tenido una vida bonita, dentro de lo que cabe. Corta. Con estrecheces a ratos, pero bonita. Con una familia que me ha querido mucho, alimentos, ropa, un parque en el que jugar de niña y un número razonable de amigos. Me he enamorado, me han dejado, me han correspondido. He tenido sexo con cuatro o cinco personas. Y he visto salir el sol abrazada a mis amigas. He metido mis pies en el mar y me he revolcado en la nieve. He disfrutado de las sorpresas que nos aguardan en la infancia. He leído a escondidas de madrugada, bajo las sábanas, atrapada por historias que no me dejaban dormir. Y he pasado algunos veranos en el pueblo.

He sentido el dolor de una pérdida. Y he encontrado mi vocación en la vida. He conocido ciertos éxitos y he tolerado los fracasos. Creo que todo lo importante está cubierto, así que, pendiente, pendiente... algo pendiente que me mantenga a tu lado... no.

Vuelve a sonar el teléfono de la madre. Ahora ni hace ademán de cogerlo. Deja que suene y suene.

Es la tía Pilar. Yo que tú, lo cogería. Va a seguir sin cansarse hasta que descuelgues, que ya sabes lo terca que es.

El teléfono para y después vuelve a sonar de nuevo.

¿No ves? Es muy insistente, no va a dejar de sonar si no lo coges.

La madre saca por fin el teléfono del bolso que está en el respaldo de la silla, cuelga la llamada y lo apaga.

No es mala solución, así te dejará en paz. *(Se queda en silencio como su madre, pero se aburre y vuelve a hablarle).* Da rabia que no me percibas nada. Eso de que las madres notan a los hijos en el corazón pese a la distancia es otra mentira más. *Se coloca detrás de su madre, de pie.* Me gustaría ser capaz de introducirme en tu cuerpo, como en las películas. Abrazarte desde dentro, apretarte muy fuerte y que sintieras, al menos una vez más, lo mucho que te quería. Cobijarme dentro de ti, antes de marcharme para siempre, de abandonar esta conciencia que se ha quedado atada a la pata de la mesa.

Pero no puedo. Se ve que solo puedo vagar por la casa, imperceptible. Sin trucos de parapsicología. Sin trasladarte ni una gota de consuelo. Me gustaría ser capaz de tranquilizarte un poco. De decirte que, pese a mi aterrador aspecto, ahora estoy bien. En paz, porque no he hecho nada malo y termino esto de la vida sin cargas en la conciencia.

La madre se mantiene sentada, impasible, incapaz ya de nada. Natalia se tumba en el suelo. Saca una tiza del bolsillo y dibuja, más o menos, líneas alrededor de su cuerpo, delimitando el contorno de su cadáver. La noche cae, la luz se atenúa, suenan detonaciones en el exterior hasta que se hace el oscuro.

II

La luz vuelve y ahora la madre está de pie observando el cadáver de su hija en el suelo. Ya no hay sillas ni mesa ni nada que recuerde al hogar.

MADRE

Ojalá me hubieran impedido verte. Ojalá alguien me hubiera sujetado y me hubiera impedido llegar hasta el lugar donde yacías. Porque ahora no te me vas de la cabeza. Ojalá una turba de policías me hubiera arrancado la vida antes de permitir que yo llegara a la altura de tu cadáver. Pero eso no pasó. Llegué hasta ti. Contra el propio tumulto. Corriendo a contrapelo, chocando con los que escapaban de las balas, de las llamas, de los golpes. Gritaba tu nombre. "Natalia" gritaba por el camino. Como si así fueras a aparecer, entre la jauría esa que huía, y a sacarme de ese barrunto tan fúnebre que se me había agarrado aquí en el pecho. Que lo llevaba días, qué digo días, yo qué sé el tiempo, desde que descubrí los panfletos, me cago en la leche que mamaste. Lo llevaba aquí dentro y bien que te lo decía. Pero tú nada, ni caso. A la tuya. Pues muy bien, mira a donde te ha llevado la tuya. ¿Y ahora yo, qué? ¿Qué, eh? Que fuiste siempre muy tozuda con las ideas que se te metían en la cabeza. Que no sé yo de dónde las sacabas, porque de mi casa esas ideas, no las sacabas. Y sin hacer caso a tu madre. Y yo con el barrunto, y con el barrunto, aquí, bien clavado. Pero nada.

Y ahora no te me vas de la cabeza.

Cuando llegué... qué sé yo cuando llegué... Nada más que un montón de cuerpos por el suelo, aquel olor... Me picaban los ojos y apenas veía. Me quedé como boba. Tropecé con un cuerpo y casi me caigo. Era un chico joven y se movió como en un espasmo. Y luego ya nada. Había muchos cuerpos, ni sé ni cuantos. Se oían quejidos y algún grito de ayuda, pero nada más. No había policía ni sonido de ambulancias. Yo andaba como una zombi, mirando los cuerpos a ver si alguno eras tú, rogándole a Dios que te me hubieras cruzado cuando yo corría hacia aquel matadero. Había tanto humo... Algunas tiendas ardían y las ambulancias seguían sin oírse. No sé cuánto había recorrido buscando entre los muertos, intentando engañarme con la esperanza, cuando vi a Iván. Iván en el suelo, con los ojos abiertos. Y ya, al ver a Iván supe que iba a encontrarte. Y así fue, a su lado, como siempre, pero muerta. Siempre estabais el uno al lado de la otra. Y al final, ahí los dos, muertos, pero juntos.

(Se arrodilla ante el cadáver de su hija y lo abraza, lo incorpora). Cuando te vi, grité... bueno, ni sabes, grité abrazada a ti hasta romperme las cuerdas. Y no sé cuánto tiempo estuve así. Con un poco de suerte podía haberme alcanzado una bala y que nos recogieran a las dos. Pero no tuve esa fortuna ni quedaba nadie por allí que disparara. Ya es pena. Solo los muertos y yo.

Y periodistas. Esos sí que estaban, los periodistas con sus cámaras, pero el personal de emergencias, las autoridades, los bomberos... Esos seguían ausentes. Ni un mal policía, ni un camillero. Nada, ni uno ni medio... Al final llegaron; ambulancias y policía y los bomberos y coches fúnebres... Y alguien debió arrancarme de ti, no sé. No me acuerdo, no me acuerdo de nada. Debieron pincharme algo.

Ahora me dicen que te llore en silencio. Tu tía Pili me lo dice. La muy... Que no alce la voz, dice, que no remueva. Que te entierre en silencio y me vuelva a mi casa. Que eres una terrorista, dicen, y no tenéis derecho ni a la tierra que ahora os cubre.

¿Terrorista mi hija? Pero qué terrorista si en la vida ha matado ni una mosca. Que ella quería salvar vidas, que era estudiante de Medicina... Pero les da igual porque repiten lo que oyen en la televisión. Yo no me lo creo. Yo no creo que fueras terrorista, pero tampoco lo sé a ciencia cierta. No lo creo. Lo que creo es que tenías muchos pajaricos en la cabeza en un momento muy malo. Pero en el barrio repiten lo que oyen en las noticias.

Enfrentamiento entre grupos separatistas de extrema izquierda y patriotas. Qué patriotas ni patriotas. Criminales, que atacaron a criaturas desarmadas, como tú, como Iván... Dicen que los grupos separatistas prendieron fuego para hacer una barricada contra los manifestantes que marchaban a favor de la unidad del territorio, que los atacasteis, empezó la pelea y para impedir que se metieran en el campamento, prendisteis una barricada, pero el fuego se descontroló y os cercó.

Además de terroristas, gilipollas se ve. Otros dicen que no, que os cercaron como en el edificio ocupado y después prendieron fuego a las tiendas. Ya les había salido bien una vez. Yo no lo sé, no sé qué es verdad, Natalia, ni qué es mentira. No sé si eras una terrorista ni qué coño se te había perdido en aquel campamento de izquierdistas, si tú eras una estudiante, cojones, una estudiante, no una sindicalista ni una militante de nada. Eso tampoco lo sé a ciencia cierta porque me mentías. Y cuando te ponía contra las cuerdas me dabas discursos y me racionabas la verdad. Así que yo no sé qué es verdad y qué es mentira. No sé si prendisteis vosotros fuego ni quienes sois vosotros, pero a ti alguien te metió una bala en la cadera y tú no llevabas ningún arma, así que, como terrorista, hija mía, como terrorista, no te habrías ganado la vida, me cago en todo el puto mundo y su carcoma.

Pero da igual, han sacado tu retrato en televisión, con el de Iván y otros jóvenes y han dicho que pertenecíais a una organización terrorista de extrema izquierda y por eso parece que los que os han matado, pues que han hecho bien. Por terroristas. Y por extrema izquierda. Y se ha acabado.

Natalia se levanta y mira a su madre, se sitúa frente a ella, aunque la madre no la ve, vuelve a mirar al vacío.

NATALIA

Mamá, yo no soy una terrorista...

MADRE

Y digo yo, aunque fuera terrorista, era un ser humano, mi hija, ¿no? Era una persona con una madre y familia...

NATALIA

No soy terrorista, mamá, no soy terrorista, no te creas que lo que te dicen en las noticias ni lo que chismorrean en los *corrinchos* en el barrio...

MADRE

Digo yo, que tendrán que investigar vuestras muertes, ¿o cómo erais terroristas todo está en paz?

NATALIA

Mamá... yo no era terrorista, Iván no lo era, como no lo eran Olga, ni Alex, ni Yol, ni Marina ni ninguno de nosotros... No éramos terroristas... Te lo dirán, pero, por favor, cree en mí, haz caso a lo que te dice tu interior, a lo que dirían las pruebas si se miraran con objetividad... A lo que tú sabes sin necesidad de pruebas, porque me conoces.

MADRE

Porque alguien tendrá que investigar esto, yo quiero saber, quiero saber quién mató a mi hija. *(Tocando a su hija, acariciando su rostro, cogiéndola de las manos)* Quién la golpeó, quién ultrajó su cara, su preciosa cara, con el labio roto, la nariz rota, con el pómulo partido; sus manos con los dedos rotos; su cabeza, con una conmoción cerebral. Las costillas rotas... Ni un perro apaleado tiene tantas fracturas como mi hija. El balazo en la cadera. Pero como era una terrorista me tengo que callar. *(Fuera de sí)* Pues no me callo, no me callo porque no me sale del coño callarme, ni hablar en voz baja, porque alguien hizo todo esto a mi hija; alguien te golpeó hasta matarte, Natalia, y yo quiero saber quién te hizo eso, quién te pateó la cara, que hasta restos de una pisada se describen en tu autopsia, y quiero saber quién es el miserable que pisa a una criatura indefensa tirada en el suelo, herida de bala, porque tú serías una terrorista, pero a quien te hizo eso lo cojo y le arranco hasta las entrañas en vivo... *(Se derrumba).*

¿Todos esos jóvenes eran terroristas? ¿Todos? Mi hija Natalia, Iván, las otras estudiantes de Medicina, los otros chicos que yo ya ni sé... Todos terroristas, pero terroristas de qué, de dónde. ¿Cuál era su banda? ¿Y dónde están sus armas? Y el dinero... porque el terrorismo cuesta dinero. Es como cualquier negocio. Nadie me ha explicado nada de eso. Ni la policía cuando vino a registrar tu cuarto y dejaron todo patas arriba. Y no lograron encontrar nada, más que los cuatro papeles que había encontrado yo, que ya ni los escondías, andaban por ahí en medio, entre los apuntes y los libros de la biblioteca. Que visitabas páginas subversivas me han dicho. ¿Y eso qué significa? ¿Qué páginas? ¿Es un delito? Yo creía que no. O al menos no tan grave como para que te maten a palos.

Yo solo pido que investiguen, que se investigue todo y que salga a la luz la verdad. Con quién se relacionaba mi hija, por qué murió de esa manera, quién se lo hizo... Que investiguen para saber la verdad...

NATALIA

No van a investigar...

MADRE

Tendrán que investigar...

NATALIA

Nadie va a investigar...

MADRE

Tendremos que saber...

NATALIA

Nadie quiere saber...

MADRE

Yo quiero saber...

NATALIA

Pero nadie más quiere...

MADRE

...la verdad

NATALIA

Eso es algo del pasado.

MADRE

Hacerle justicia a mi hija...

NATALIA

Se hizo justicia cuando nos mataron...

MADRE

Todo eso que dicen...

NATALIA

Tendrás que cerrar los oídos a los necios y probarte a ti misma la verdad, quedártela contigo, muy adentro, sabiéndote poseedora de un tesoro escaso y muy preciado porque, aunque intentes compartirla, no te creerán, porque...

NATALIA y MADRE

... en este mundo hace tiempo que nadie sabe qué es la verdad.

NATALIA

Mamá... solo para ti, para que tú lo sepas, mamá. No soy una terrorista.

MADRE

Yo solo quiero saber... Hacer justicia. Hacer justicia a mi hija. Alguien tendrá que pagar, alguien tendrá que demostrar algo, alguien me tendrá que convencer de que mi hija era una terrorista.

El fantasma de Natalia abraza a su madre sin que ella la perciba y después se va. La madre está sola en el vacío mientras se hace el oscuro.

III

La madre pone la mesa. Natalia sale frotándose la cara con una toalla. Han desaparecido los golpes más fuertes, ya no hay sangre seca en sus oídos o en su nariz, ni permanece el color cerúleo de la muerte en su rostro. Solo el resto de un labio partido. Pasa por la cocina recogiendo lo que necesita para salir a la calle: abrigo, bufanda, mochila. Busca insistentemente algo que le falta. Abre y cierra los cajones de la mesa, rebusca en los bolsillos de prendas colocadas en los respaldos de las sillas.

MADRE

Natalia, ayúdame a poner la mesa, haz el favor.

NATALIA

Me voy ya, mamá, no me da tiempo... llego tarde de hecho...

MADRE

¿Adónde vas? Y con esas pintas...

NATALIA

Qué pintas ni pintas, no me voy a poner ropa buena para...

MADRE

¿Para qué?

NATALIA

Para nada...

MADRE

¿A dónde vas, Natalia?

NATALIA

Nada, con Iván...

MADRE

Ya sé que vas con Iván, siempre vas con Iván, que parece que os trajimos al mundo con imanes a Iván y a ti, todo el santo día con Iván desde que puedo recordar...

NATALIA

¿Te parece mal o qué?

MADRE

Qué tonterías dices, qué me va a parecer mal Iván. Es que no te he preguntado con quién vas, te he preguntado a dónde vas, Natalia, y no me has contestado...

NATALIA

Beso, que me voy... No volveré muy tarde que mañana tengo clase por la mañana.

Sale y enseguida vuelve a entrar y se queda de pie en el umbral. Se dirige seria a su madre, que continúa poniendo la comida en la mesa.

NATALIA

Mamá, ¿dónde están mis llaves?

MADRE

Y a mí qué me cuentas, tú sabrás...

NATALIA

Mamá, venga, dame mis llaves.

MADRE

Y yo por qué voy a tener tus llaves... Si no fueras tan desordenada, que dejas tus cosas por cualquier lado...

NATALIA

(Suspira intentando mantener la paciencia). No quieres que me vaya. Has cerrado la puerta por dentro con llave...

MADRE

Es por seguridad, el otro día entraron unos a patadas en casa de una vecina de esta misma calle... Mira que este barrio ha sido siempre tranquilo, pero tal y como están ahora las cosas...

NATALIA

¿Y dónde están tus llaves? Porque tampoco están colgadas en el gancho tras la puerta. Ninguna llave en ningún sitio, qué casualidad.

MADRE

Anda siéntate que te sirvo. He hecho las patatas con caldo que te gustan.

NATALIA

No quiero cenar. Has cerrado porque no quieres que me vaya esta noche. Y has escondido todas las llaves, las mías y las tuyas.

Suena el teléfono. Lo coge. Se aparta. ¿Qué? En casa... No, aún no he salido... Mi madre... Está muy pesada, no me quiere dejar salir... Ya lo sé, pero no sé qué le pasa... que hasta me ha escondido las llaves... No sé... Bueno, que no... que no lo sé... Pues no me esperéis... Seguro... ¡Qué sí, estoy segura! Os alcanzo más tarde... Salud.

MADRE

¿Era Iván?

NATALIA

Mamá, dame las llaves. Ya todos me esperan. Se van a ir sin mí y tendré que recorrer sola toda la ciudad.

MADRE

Pues más a mi favor. Hace frío y está oscuro.

NATALIA

No es tan tarde...

MADRE

Irás sola y nadie puede fiarse ya de lo que pasa en las sombras de esta ciudad.

NATALIA

Madre mía, ya ni tomarme una cerveza con mi gente voy a poder...

MADRE

No vas a tomar una cerveza, vas al campamento, con los ilegales esos, que no soy tonta. A la protesta contra los sucesos de la fábrica. Sé que no se te ha partido el labio en un accidente en el hospital. Sé que me estás ocultando cosas para que no me preocupe. Y también sé que esta noche no vas a salir de casa.

NATALIA

(Abrazando a su madre, zalamera). Ay, mamá, no seas tan dramática... que no me va a pasar nada. Pues me voy a la acampada, sí. Nos tomaremos allí las cervezas y hablaremos con gente interesante, no con ilegales. Las personas no somos ilegales. Además, que no voy sola, vamos todo el grupo... y algunos compañeros de la facultad que se están solidarizando con el comité de víctimas. Hoy habla Tania y otros familiares que perdieron a los suyos en el incendio de la casa ocupada. Que ya sé que te parece mal...

MADRE

No se te ha perdido nada en campamentos ni protestas, tú tienes que estar a lo que tienes que estar...

NATALIA

Y a eso estoy, mamá, a eso estoy. A hacer del mundo un lugar mejor, más justo, más sano...

MADRE

Mira Natalia, eso que dices suena muy bien, pero no está el horno para bollos. Estamos otra vez con esa lógica de unos contra otros, de hermanos contra hermanos. La mitad para aquí y la otra mitad para allá.

NATALIA

Mamá, aquí no hay dos bandos. Es todo más complejo. Ha habido una insurrección de una parte del territorio y el gobierno central ha entrado a sangre y fuego. Y ha aprovechado la revuelta en el Este para limitar derechos y revocar libertades. ¿No te preguntas por qué ha decretado el estado de emergencia en todo el país? No en los territorios insurrectos, no, en todo el país. ¿Por qué está derogando las leyes de reunión y manifestación, las garantías sindicales?

Dicen que es temporal, pero no me lo creo. Eso no podemos consentirlo nadie, vivamos donde vivamos...

MADRE

¿Y qué más te dan a ti las garantías sindicales si eres una estudiante?

NATALIA

No son solo los sindicatos, está reprimiendo las protestas de las asociaciones estudiantiles. Esto es solo el inicio de la arbitrariedad, del torcernos el paso por la fuerza... Yo tampoco estoy de acuerdo con el alzamiento del Este, pero ¿era esa la única forma de responder?

MADRE

¿Y qué más se podía hacer si no atendían a razones?

NATALIA

Pues lo que han hecho no... Y menos amparando a grupos que son casi paramilitares...

MADRE

No voy a discutir otra vez de eso, ya sé que estamos en desacuerdo...

NATALIA

¿Pero no ves que lo del Este ya ha dejado de importar? El Este es solo una excusa, es propaganda, es la chispa que ha prendido el polvorín, pero estaba todo preparado...

MADRE

(Queriendo zanjar la discusión) No digas insensateces, por Dios... Siéntate a cenar, y tengamos la fiesta en paz, que mañana será otro día. No vas a salir y se acabó... Que no se andan con chiquitas. Han puesto ya unos cuantos muertos encima de la mesa... en el Este y donde no es el Este. Y tú lo sabes mejor que nadie.

NATALIA

Será culpa encima de los muertos...

MADRE

Yo no sé de quién es la culpa ni me importan a mí las culpas. Solo te estoy diciendo que esta noche tú no te vas.

NATALIA

Tengo veintitrés años y no puedes impedir que salga, así que, fin de la conversación. Dame las llaves o abro la puerta a patadas si hace falta.

MADRE

Natalia, por favor, hazme caso. Hazme caso, hija, que tengo un presagio fúnebre pegado a la boca del estómago que me amarga por dentro. Yo no sé de política ni de libertades...

NATALIA

Porque las has tenido siempre...

MADRE

...pero sé de ser madre y las madres sentimos las cosas muy, muy adentro. Como los animales salvajes. Olemos el peligro cuando acosa a nuestras crías. Y yo lo huelo esta noche, lo estoy oliendo. ¿Tú no lo notas en el aire?

NATALIA

(Se asoma a la ventana). Es la humedad, mamá. Los restos de la tormenta. Y el olor a caucho quemado que desprenden las barricadas...

MADRE

Olor a pólvora y a cuerpos desparramados. A la sangre seca pegada al suelo de aquellos pobres sindicalistas.

NATALIA

Incluso a ti te dan pena...

MADRE

(Revolviéndose contra su hija). Pena ninguna, que nadie les mandó enfrentarse a la policía como lo hicieron, lanzando botellas incendiarias y piezas de las máquinas. ¿Qué se pensaban, que les iban a responder con palmadas en la espalda?

NATALIA

Tampoco con tiros de bala...

MADRE

Piensas que soy una ignorante y me creo todo lo que dicen por televisión...

NATALIA

Yo no he dicho eso...

MADRE

Pero eso no es verdad. Yo sé que mienten, que hacen propaganda, que nos cuentan lo que quieren que creamos. Lo que quieren que repitamos como papagayos, en la compra, con las vecinas, en el trabajo... Eso me da igual. Si creerme lo que dicen, me permite mantenerte a salvo, me lo creeré. Pensaré lo que tenga que pensar, haré lo que tenga que hacer para protegerte. El resto no me importa nada.

NATALIA

Creo que ya nadie está a salvo, mamá. Solo que algunas personas no quieren darse cuenta.

MADRE

Pues más a mi favor...

NATALIA

Mamá, no me pasará nada, yo no soy nadie... Solo mi cuerpo y mi voz, que grita por lo que ya no se puede seguir escondiendo. Y porque a Olga y a toda la gente inocente que murió con ella se les haga justicia. Tengo tanta necesidad de gritar al aire lo que llevo dentro que se me amontonan los discursos en la boca.

MADRE

Pues yo tengo miedo. Por ti, por los sitios a los que vas. Y más después de lo de Olga, de lo que se oye por las calles, de lo que pasa, incluso en este barrio que siempre fue tranquilo... Si el otro día metieron en prisión al hijo de la panadera... Por nada, por un malentendido, pero a la cárcel... Y los matones esos que van de verde con brazaletes han estado pintando distintos portales por el barrio...

NATALIA

Son unos putos nazis.

MADRE

La policía se ha llevado a gente esta semana. Dicen que alguno vivía en los portales...

NATALIA

En los portales marcados, ya, yo también lo he oído... Pero igual es mentira, no podemos creernos todo lo que se oye.

MADRE

Igual es una casualidad, pero... no sé, se dicen tantas cosas que ya no sabes qué es verdad... Yo miro cada día si nuestro portal está pintado, si los muros de la calle tienen insultos distintos, o banderas o esos espantajos con los que marcan las puertas. Para borrarlos con salfumán cuando nadie me vea...

NATALIA

No puedes pensar en eso... Si pintan las paredes, que las pinten, si dicen por las calles, pues que digan... Nosotras también diremos, también haremos o pintaremos, lo que nos toque. No puedes vivir con miedo, yo no lo tengo...

MADRE

Pero yo sí... Y tengo algo que me descompone alojado aquí *(Se toca el pecho).*

NATALIA

Mamá, tu miedo es tuyo, no es mío. Tienes miedo, pero yo no. No soy una inconsciente ni una suicida. No quiero acabar en prisión ni que me alcance una bala. Pero no pienso esconderme porque, debe ser la juventud, pero me come un algo por dentro que parece que las venas me bailan. Y eso no lo puedes sujetar ni tú ni un ejército entero.

Natalia da un respingo y sale deprisa de la estancia dejando a su madre comida por la incertidumbre de una noche con olor a trinchera.

El sonido de un juego de llaves hace que se gire.

NATALIA

Siempre guardas las cosas importantes en el mismo sitio. No se me ocurrió mirar ahí porque es un lugar improcedente para unas llaves. *(Se acerca y le da un beso en la mejilla).* No me esperes despierta. Y no te preocupes de presagios funestos, porque eso son cuentos de viejas.

Natalia sale y la madre hunde la cara entre sus manos mientras se hace el oscuro.

IV

La madre pone la mesa, coloca una bandeja de ensalada, la aliña y sirve agua en los vasos. Entra Natalia. Su ropa está limpia e intacta y tiene un aspecto saludable, salvo por una herida que tiene en el labio. Está nerviosa, pero quiere dar sensación de normalidad. No se acerca a su madre al entrar, se escabulle hacia el baño y habla con ella desde allí.

NATALIA

¡Hola, mamá!

MADRE

(Cortante) Hola.

NATALIA

¡Me estoy haciendo pis...! Entro corriendo al baño... *(Desde dentro).* Si te cuento a quién he visto hoy no te lo crees... ¡Adivina!

MADRE

¿Y yo qué sé?

NATALIA

Va, adivina, no seas sosa...

MADRE

Pues no sé, cómo quieres que lo sepa, hay muchas personas...

NATALIA

(Asomando la cabeza) ¿Has hecho cena? ¡Traigo un hambre! Pero adivina...

MADRE

Hay ensalada y filete.

NATALIA

¿Has sacado la naranjada?

MADRE

No, solo agua...

NATALIA

Pues ya la saco yo ahora... *(Entrando con una botella de refresco mientras su madre ha desaparecido de la escena, cruzándose con su hija pero sin verla).* Pues estoy en la consulta y entra la tía Pili. ¡Me ha hecho una gracia! Va la médica, que es muy seca, y le dice que hoy la acompaña una estudiante por estar en un hospital universitario, y que si tiene inconveniente y yo, pues me echo a reír, y se gira la doctora Fuentes con cara de fulminarme y le dice la tía que soy su sobrina... y mira que es borde esa mujer, pero se destensa y le dice "pues estamos en familia", y hasta me ha dejado hacerle la exploración, que no deja casi ni que los residentes toquen a sus pacientes...

MADRE

(Entrando y viendo de frente a su hija por primera vez) Pero ¡¿qué te ha pasado en la cara?!

NATALIA

¿Esto? Nada, una tontería, un golpe...

MADRE

Ya veo que es un golpe, ¿quién te ha hecho eso?

NATALIA

Nadie, no me lo ha hecho nadie. Ha sido un accidente, te vas a reír cuando te lo cuente...

MADRE

No creo que me ría.

NATALIA

Que sí, verás, estaba yo en la consulta con la doctora Fuentes y me suena el busca, ¿vale? Y salgo, dejó allí a la doctora, al paciente, y me echo a correr por el pasillo que parezco una loca, me mira todo el mundo, pero yo nada, sin pensar en nada más que en el mensaje que he recibido, corre que te corre... Y voy tan azorada que ni me espero al ascensor y corro escaleras abajo y me lanzo a la puerta de emergencia, que se abre de golpe y me da en plena cara y me caigo de culo, pero de culo, como en los dibujos. Era un familiar que no sé qué hacía allí, porque por esas escaleras no vamos más que los sanitarios, pero él había abierto sin mirar y me golpea... El hombre se quedó... Bueno, se deshacía en disculpas y yo digo nada, no pasa nada, me levanto como puedo, y con toda la adrenalina sigo corriendo hasta que llego a la UCI pediátrica. Y entro y voy al cuarto de Irina, la niñita que operamos, ya te he hablado de ella... Y veo que está bien, con su madre, tranquila, con sus cables y tal pero bien... Y me voy al control y pregunto y me dice la enfermera que nadie me ha llamado y que me está sangrando el labio. Y miro y tenía todo el pijama ensangrentado, restos por el suelo y yo ni notarlo. Me da unas gasas y yo insisto que he recibido un código y me dice que de allí no. Y ya me mosqueo y saco el busca... ¡y resulta había leído mal un número! El equipo que trata a Irina ha establecido el 133 como código de urgencia. Si lo recibimos, sabemos que hay que volar. Vuelvo a mirar y era 123. Código del laboratorio. Así que, imagínate, se va a estar riendo de mí todo el hospital hasta que otro estudiante haga alguna imbecilidad más grande que la mía. La bronca de Fuentes mañana va a ser antológica, porque ya no volví. Bajé al laboratorio, me encontré con Marina y ya salimos las dos juntas del hospital. Así que ya ves la tontería...

La madre no responde nada. La mira con seriedad, con preocupación, mientras cena sin decir ni una palabra. Natalia se sirve ensalada y comienza a comer. Quiere acabar con la tensión y se esfuerza en conversar con su madre.

NATALIA

¿Y papá?

MADRE

En la fábrica. Esta semana le toca turno de noche.

NATALIA

Es verdad, se me olvidaba...

La madre sigue en un mutismo cerril. Natalia intenta retomar la charla, pero le resulta muy complicado.

NATALIA

No sabía yo que la tía Pili tenía problemas de vesícula...

MADRE

Sí, tiene piedras desde hace bastantes años. Pero vamos, que no es para tanto...

NATALIA

Mamá... ¿te pasa algo?

MADRE

No.

NATALIA

¿Ha pasado algo en el *súper*?

MADRE

No.

NATALIA

Pues ese tono no es muy creíble...

MADRE

Igual de creíble que tu historia.

Ahora es Natalia la que calla. Comienza a comer deprisa, aunque le cuesta tragar.

NATALIA

No tengo mucha hambre. Creía que sí, pero no. No me voy a comer el filete, con la ensalada me vale. *(Empieza a recoger su vajilla con intención de dejar a su madre lo antes posible)* Me voy a ir a repasar los apuntes de digestivo para mañana...

MADRE

Para que no te regañe la doctora Fuentes.

NATALIA

Eso es.

MADRE

¿Y a la doctora le vas a contar el mismo cuento que a mí? Esa historia tan divertida de códigos confundidos y niñas moribundas...

NATALIA

Las niñas moribundas no son divertidas.

MADRE

No, no lo son. Tampoco es divertido que me mientas con historias mal elaboradas. Nunca has sido buena mentirosa...

NATALIA

No soy una mentirosa...

MADRE

Y entonces a qué viene esa patraña para justificar la herida del labio... ¿Quién te ha hecho eso, Natalia? Quién te ha golpeado.

NATALIA

Nadie. Ya te he contado lo que me ha pasado...

MADRE

Lo que te ha pasado... Ya... Pues no me lo creo. No te has golpeado en el hospital, te ha pasado en el campamento ese. ¿Me equivoco? Es por culpa de esa gente con la que os juntáis ahora.

NATALIA

¿Qué gente?

MADRE

(Extendiendo hacia Natalia unos papeles que saca del bolsillo de su bata) Esta gente...

NATALIA

¿De dónde has sacado eso?

MADRE

De tu cuarto, ya lo sabes. Escondido debajo de tu cama estaba. En una caja.

NATALIA

Escondido no, guardado.

MADRE

Escondido, en una caja de caudales.

Natalia sale corriendo y vuelve a entrar con una caja con la cerradura forzada.

NATALIA

¡La has roto! Has forzado la caja... ¿Pero a ti qué te pasa?

MADRE

¿A mí? ¿Qué te pasa a ti, Natalia, a ti? ¿Pretendes que me siente a esperar hasta que te partan la cara, o hasta que te maten de un tiro...? O te quemen viva, como a Olga.

NATALIA

No metas en esto a Olga, no tiene...

MADRE

(Cortándola). ¿Y entonces qué quieres que haga? Tendré que saber, tendré que entender... No quiero vivir con el miedo pegado a la sangre cada vez que sales de casa. Tú intentas distraerme con las historias bonitas del hospital. Historias emotivas. Como cuentos. Para que piense en mi hija médica y me sienta orgullosa de cómo aprende a salvar vidas. Y es que es tan lista... La primera médica en una familia de pelagatos y de obreros.

NATALIA

No lo hago para distraerte de nada, lo hago porque siempre te han gustado mis historias del hospital.

MADRE

Me las cuentas cada día desde hace tres años. Pero algo ha cambiado; tu tono no es el mismo. Ni tus ojos. Y tienes la cabeza en otra parte. Me las sigues contando porque eres una buena hija y porque siempre te ha costado abandonar las costumbres. Pero tu pensamiento está en otro lado. Te has vuelto evasiva y estás taciturna. Pequeños matices que se arreglarían pensando que estás en quinto, que las prácticas son más difíciles, que te preocupa el futuro, que tus maestros son más duros... Es lo que me dice tu padre. Pero no. Yo sé que es otra cosa. Podría intentar engañarme, pero no.

NATALIA

Nada de eso te da derecho a registrar mi cuarto. Soy una mujer de veintitrés años, aunque viva en tu casa. No una niña de trece. Y no tengo que darte explicaciones.

MADRE

No te suelo pedir explicaciones, Natalia. Ni demasiadas cuentas. Casi siempre te he respetado. Y he confiado razonablemente en ti. No he curioseado entre tus cosas ni he cogido tu teléfono a escondidas ni he dicho nada cuándo Iván, o quien no era Iván, ha salido de tu cuarto a hurtadillas por la mañana. Tienes veintitrés años y eres dueña de tu vida. Pero soy tu madre, tengas la edad que tengas. Y tengo un nudo que me consume aquí, muy hondo. Y tenía que saber.

NATALIA

Pues ahora ya sabes. Pero no de la mejor manera. Tenías que haberme preguntado.

MADRE

¿No lo he hecho? Natalia, qué te pasa, Natalia, estás rara, Natalia en qué piensas, te noto triste Natalia, te noto ausente, distraída, apática, malhumorada, Natalia, háblame, Natalia, ¿por qué no me cuentas? Natalia, ¿en qué estás pensando? Natalia, Natalia, Natalia...

NATALIA

(Cortándola) ¡Vale! Es verdad, tienes razón... Me lo has dicho muchas veces y yo siempre he respondido evasiva... Pero no era cosa

tuya... Sabía que te preocuparías o lo malinterpretarías como estás haciendo ahora. No lo ibas a entender...

MADRE

Y no lo entiendo.

NATALIA

Y al final no es para tanto... Tengo ideas políticas.

MADRE

Antes no las tenías, nunca las tuvimos en esta casa...

NATALIA

Quien no tiene ideas políticas es que comparte las ideas del opresor.

MADRE

Natalia, lo único que quiero es que no te metas en problemas.

NATALIA

¿Y entonces te parece mejor que nos callemos y nos metamos en casa?

MADRE

Sí.

NATALIA

Ves bien lo que están haciendo... Ves bien que muelan a palos a los estudiantes por protestar tras el incendio de la casa ocupada; ves bien que el gobierno entrara en el Este con tanques, ves bien que los nazis de verde se paseen por las calles como los viejos camisas pardas pidiendo documentación, echando a los vendedores callejeros a golpes de las calles, insultando, pegando palizas...

MADRE

¡No me tergiverses! A mí los de verde no me gustan nada. Pero tampoco esta gente...

NATALIA

No eres capaz ni de nombrarlos. Y pones ese gesto de rechazo como si fueran ratas y no personas... Te han sorbido el cerebro.

MADRE

Nadie me ha sorbido nada. Son personas, incluso buenas personas. No tengo sentimientos de maldad contra ninguno de ellos. Y en tiempos más nobles podrían gozar de mi simpatía. Incluso hoy, si pensara en ellos, podría acompañarme la compasión...

NATALIA

¿Entonces?

MADRE

Entonces nada, simplemente no quiero que te mezcles con ellos. Todo se enrarece en cuestión de días. Detienen a la gente, huele a violencia en las calles, y este gobierno, Dios me perdone, se está volviendo loco y ya no distingue el grano de la paja. Y que tú tienes que estar estudiando, que vas a ser médico, no política.

NATALIA

¡Médica!

MADRE

Pues aún mejor, médica. Con todo nuestro esfuerzo, el tuyo, el primero, y también el de tus padres.

NATALIA

Estoy hasta los ovarios de coser brechas y curar golpes y heridas en urgencias. Huesos rotos. El otro día otro ojo perdido. Veinte años tenía la chica. A eso no hay derecho, madre, no hay derecho...

MADRE

¿Y la solución es unirte a los ilegales?

NATALIA

¡Que no son ilegales! Que son solo un grupo de gente que se reúne en un parque, ya te lo he explicado más veces. Jóvenes que quieren cambiar las cosas, que ya no se creen lo que les cuentan los medios, con esa soberbia de los poderosos que quitan y ponen sin atender a nadie más que a ellos. Solo queremos participar en la construcción de nuestro futuro. Estamos cosiendo una conciencia colectiva que nos articula como artífices de nuestro destino, sin tutelas, sin cadenas de ningún tipo. Estamos aprendiendo que solos no somos nadie, pero que podemos llegar a tener, en conjunto, una fuerza infinita. *(Corre hacia la ventana y saca la cabeza, gritando).* ¡HAY QUE CUESTIONAR LO INAMOVIBLE!

MADRE

¡Pero baja la voz! ¿Qué pasa si nos oye alguien, si nos oyen los vecinos?

NATALIA

Me importa una puta mierda que me oigan los vecinos. Qué me van a hacer. ¿Me van a detener? ¿Me van a prender fuego, como a esos pobres...? *(Natalia rompe a llorar).*

MADRE

(Le acaricia el pelo con ternura) ¡Hija! No digas disparates. Y no digas que sola no eres nadie. Vas a ser médica. La primera de esta familia.

NATALIA

Olga no era una ocupa, ni una separatista. Estaba solo por allí, por la acampada. Con amigos. Tocaban la guitarra y cantaban canciones viejas.

MADRE

Solo por cantar canciones viejas no te metes en medio de todo el lío.

NATALIA

Pues sí, mamá, pues lo haces. Porque tus amigos van, porque conoces a alguien que te parece interesante y te invita a una asamblea, porque tienes curiosidad por ver qué pasa por allí, porque quieres hacerte tu opinión al margen de lo que dicen los periodistas, tu opinión en primera persona, porque nos creímos aquello de la independencia de criterio... Y mira, llegan unos cuantos nazis y te acorralan y te metes donde pillas, porque algunos llevan armas, y bates. Y si tuvieras tiempo te pararías a pensar "pero de dónde coño ha sacado esta gente las armas", pero no tienes tiempo, solo corres. Corres sola porque has perdido a tus amigos y no ves a tu hermana y solo quieres huir de algo para lo que no estabas preparada, porque tú has ido allí por tu hermana, que está en una comisión, y por el amigo de tu hermana que te gusta tanto... Pero los has perdido y ves que todo el mundo se mete en el edificio ocupado. Al otro lado están los nazis, pegando a la gente con los bates y has empezado a oír disparos... La gente corre y temes que te aplaste, buscas una salida, un hueco entre tanta multitud, pero no lo encuentras. Y una marea de gente te arrastra de camino y te llevan en volandas al edificio ocupado y tú, pues te dejas llevar y entras...

MADRE

Y ya no vuelves a salir...

NATALIA

Y cuando sales, han pasado horas y vas sobre una camilla. Sale ya solamente tu cuerpo quemado, con un hilo insuficiente de vida... Ni siquiera has tenido la suerte de morirte rápido. Y te llevan al hospital y allí, por fin, te mueres.

MADRE

Por eso no debes ir con esa gente, con los de la acampada ilegal...

NATALIA

La acampada no es ilegal, es solo una acampada.

MADRE

Son personas con las que tú nunca te has mezclado.

NATALIA

Pero ¿cómo que no? Son mis amigos, mamá, mis amigos del barrio. Y los del hospital. Y los amigos de mis amigos. Esa gente son Marina y Yol y Alex, Iván, Tania. Personas normales. Jóvenes con trabajos y estudios. Con familia y ganas de vivir.

MADRE

¡La gente de los papeles está ilegalizada!

NATALIA

La gente no, mamá. Los partidos políticos en los que militan. Pronto serán ilegales también sus sindicatos, sus asambleas, los grupos estudiantiles... Nadie tendrá siquiera la posibilidad de reunirse ¿Te parece bien que los ilegalicen? Porque son izquierdistas, ¿no? Por eso, solo por eso está bien.

MADRE

No será solo por eso. Además, tú no militas en ningún partido, nunca te ha gustado la política, a ti te gusta la ciencia.

NATALIA

Mamá, mira, esta conversación es imposible, estamos dando vueltas en círculo. Yo no voy a convencerte y tú no me vas a hacer cambiar de idea. Es tontería seguir. Me voy a ir a estudiar. *(Se dirige a su cuarto).*

MADRE

No quiero que te pase como a Olga. No quiero que te mueras.

NATALIA

Lo que tú digas...

Sale dejando a su madre con la palabra en la boca, la cena en la mesa y el presagio fúnebre oprimiéndole el pecho.

V

Natalia llora, amarga, escondiendo la cara entre las rodillas. Ha hecho un ovillo con su cuerpo. Su madre entra llamándola a gritos, sin ninguna preocupación en la conciencia.

MADRE

(Desde el descansillo mientras entra con la compra) ¡Natalia! ¡Natalia! Anda, ayúdame con las bolsas, hija, que vengo derrengada... ¡Natalia! Hay que joderse la niña, que ni caso, oye... ¡Natalia! Me he cruzado con Iván en las escaleras. A todo meter que iba el tío, que casi ni se para... Ya os habéis peleado otra vez, sois como el perro y el gato. Pero Natalia, coño, ¿que no me oyes? Yo aquí cargada con las bolsas y tú... *(Llegando por fin hasta donde está su hija).*

Pero hija, Natalia... ¿estás llorando? Hija... qué pasa, ¿por Iván estás así? *(Natalia niega con la cabeza sin abandonar su postura).* Pues qué te pasa... *(Natalia esconde aún más la cabeza cuanto más insiste su madre en que la mire).* ¡Oye, ya vale! Que me estás asustando. Haz el favor, Natalia... *(Forzándola a sacar la cabeza de entre las piernas)* A ver, qué te pasa...

NATALIA

Está muerta, mamá... La han matado...

MADRE

¿Qué? ¿Pero quién está muerta?

NATALIA

Olga, la hermana de Tania

MADRE

Tania la de...

Natalia afirma con la cabeza.

MADRE

Pero ¿qué ha pasado, Dios mío? ¿Un accidente...?

NATALIA

(Negando con un gesto) Es una de las...una de las víctimas de la casa ocupada...

MADRE

Pero ¡qué dices!

NATALIA

Ha sido una noche horrible. Nos llamaron a todos de refuerzo para urgencias. A mí me tocaba guardia y ya estaba allí, pero los que no también acudieron...

MADRE

¿La viste?

NATALIA

Sí, me tocó atenderla.

MADRE

¡Dios mío, hija!

NATALIA

No la reconocí al principio, fue Marina... Estaba... bueno, preferiría olvidarlo, aunque no creo que pueda... Tenía pulso débil... No entiendo cómo podía tener pulso... También presentaba traumatismos y quemaduras de tercer grado en brazo y espalda. Y un objeto extraño alojado en el gemelo que le había provocado un corte profundo. Metralla. Algo metálico que explotó y la alcanzó en la pierna, yo qué sé... De verdad que no sé cómo estaba viva... Presentaba bradipnea, hemólisis, insuficiencia renal, acidosis láctica... La intubamos y le introdujimos líquidos por vías venosas a perfusión alta, pero sus lesiones eras incompatibles con la vida.

MADRE

Hija...

NATALIA

Yo no me di cuenta de que era ella. Fue Marina... Empezó a gritar "Es Olga, es Olga" y yo ayudaba a mi residente a poner la vía venosa y ella gritaba "es Olga", pero yo estaba como en otro plano, oyendo sin escuchar, podría haber dicho cualquier cosa porque yo me afanaba con la vía y cuando por fin terminamos, la miré y repitió "es Olga, la hermana de Tania". No me dio tiempo al shock porque entró en parada y después murió. No sé cómo su cuerpo aguantó tanto...

MADRE

Hija, por Dios...

NATALIA

Es mejor que esté muerta. Ojalá se hubiera muerto en la casa ocupada.

MADRE

No digas eso, hija... Era tan joven...

NATALIA

Hemos sedado a Tania. Ha empezado a tirar cosas y a golpearse contra las paredes. Le han inyectado un narcótico y la han dejado ingresada. Le hemos dado a su madre también pastillas...

MADRE

Natalia, hija, pero cómo ha pasado algo así...

NATALIA

No sé, pregúntaselo a los nazis que han prendido fuego a la casa ocupada y han cerrado para que nadie pudiera escapar.

MADRE

¿Qué estás diciendo?

NATALIA

Ha sido como vivir una guerra... No dábamos abasto. Titulares, adjuntos, residentes, estudiantes... No sé precisar el número de pacientes. Las enfermeras con desfibriladores, los estudiantes poniendo vías centrales, los residentes operando en las salas de urgencias porque todos los cirujanos ocupaban todos los quirófanos... Sangre, olor a quemado, a piel muerta, a productos químicos... Ha sido un infierno...

MADRE

No sé qué decirte, hija...

NATALIA

No se puede decir nada. Todo parece pequeño al lado de esto...

MADRE

¿Y su madre?

NATALIA

¿Quién?

MADRE

Andrea, la madre de Tania y de... Olga.

NATALIA

No sé... Hemos intentado que Tania no se matara a golpes al darle la noticia. Su madre solo le gritaba que parase, chillaba su nombre, pedía ayuda... Entre Marina y yo no podíamos con ella. El residente se ha quedado como un imbécil, inmóvil mientras Tania empezaba a tirar bandejas y todo lo que pillaba y se golpeaba contra la pared y he sido yo la que lo ha zarandeado a ver si nos ayudaba. Había tal jaleo que ha llegado más gente, unas enfermeras, y hemos conseguido sujetar a Tania y entonces él ha reaccionado y ha dado la orden de inyectar cinco miligramos de haloperidol.

MADRE

Tengo que llamarla...

NATALIA

¿Qué?

MADRE

A Andrea, tengo que llamarla, por si puedo ayudarla, por si necesita algo...

NATALIA

No la llames... Déjala. Tiene una hija muerta y la otra se ha vuelto loca. No creo que quiera coger el teléfono...

MADRE

¿Y si me acerco? Por si necesita ayuda con las niñas...

NATALIA

Ya no hay niñas, mamá, solo le queda una niña... Está en el hospital. Allí la ayudarán, supongo. Le darán medicinas y le indicarán cómo proceder con el cadáver. Se presentará la policía y acusará a Olga de terrorismo o algo similar y...

MADRE

Pero ¿qué dices? Cómo van encima a acusar a la pobre niña...

NATALIA

Pues como hicieron en el Este.

MADRE

Eso es distinto.

NATALIA

¿Distinto por qué?

MADRE

Porque en el Este sí eran terroristas.

NATALIA

¿Estás segura? ¿Chavales de mi edad, estudiantes, jubilados...?

MADRE

Eso no es incompatible.

NATALIA

Después de lo que ha sucedido hoy no sé ya qué creer, no sé nada...

MADRE

Estás nerviosa y traumatizada. Ver morir a una amiga, una criatura, en semejantes circunstancias... No puedo imaginarlo, pero eso no tiene relación con los sucesos del Este.

NATALIA

No sé. Algunos compañeros han intentado rechazar a los que entraban procedentes de la casa ocupada. Con comentarios... en fin...

Prefiero ni repetirlos. Y los jefes no han dicho nada, los han dejado estar.

MADRE

Este país se está convirtiendo en una olla a presión. Si los del Este se hubieran conformado...

NATALIA

Hay que atender a todo el mundo, sin mirar quién es. Éste sí, este no, éste lo merece, éste es un separatista de mierda, que se muera gritando de dolor... No es nuestra labor hacer juicios. Atendemos y punto. Pero yo pienso dar parte.

MADRE

¿Parte de qué?

NATALIA

De los que han tratado negligentemente a los pacientes que venían de la casa ocupada. De los que se han ido a patología y a otros escondites que todas conocemos en el hospital para no atender a los supervivientes de la casa... Han pedido refuerzos porque el hospital estaba desbordado, y aun así algunos han desaparecido del turno.

MADRE

Bueno, tú no te metas en problemas. Hoy estás afectada, pero tú a lo tuyo. Has hecho lo que tenías que hacer, los demás, que arreen con su conciencia.

NATALIA

¿Y si no la tienen?

MADRE

Eso no es cosa tuya, eso está entre ellos y Dios.

NATALIA

¿Cómo que no es cosa mía? Somos médicos, mamá. No puedo mirar hacia otro lado. Están en un hospital público, se atiende a todo el mundo. Si se negaran a atender a alguien por ser negro, o gitano, homosexual, mujer, asiática... ¿te parecería bien? ¿Me dirías también que mirara hacia otro lado? Sería un escándalo, ¿no?

MADRE

No es lo mismo...

NATALIA

¿Por qué no es lo mismo? Porque son independentistas o, no sé, anarquistas, o comunistas, de izquierdas... ¿Por eso no es lo mismo? Por eso se lo merecen...

MADRE

No he dicho eso, por Dios, no pongas en mi boca palabras que no han salido de ella...

NATALIA

¿Entonces qué quieres decir?

MADRE

Que tú no sabes, que no te metas en camisa de once varas. ¿Has oído decir a alguien que se negaba a tratar a los de la casa ocupada?

NATALIA

Abiertamente, no. Pero...

MADRE

Que no lo sabes. Y que un comentario malintencionado no será la primera vez que lo suelta el insensato de turno, que en medio de los nervios siempre se les abre más la boca. Pero mientras tanto, han remendado heridas y han recetado medicinas, ¿o no?

NATALIA

La mayoría, sí.

MADRE

Pues eso.

NATALIA

Pero las cosas se notan. Son sutilezas, gestos, cuidado, paciencia... No sé...

MADRE

Pues si no sabes, lo mejor es poner punto en boca.

NATALIA

No sé... igual tienes razón... Ha sido todo tan...

MADRE

(Cortándola) ¿Te preparo algo? Una tila... O te caliento un caldo si prefieres...

NATALIA

No, he tomado un *orfidal* a ver si me tranquilizaba un poco.

MADRE

¿Y te ha hecho efecto?

NATALIA

No mucho porque cuando cierro los ojos la veo, mamá, y es horrible.

MADRE

Lo imagino...

NATALIA

Espero que la hayan limpiado un poco ante de enseñársela a la madre.

MADRE

Ay, déjalo ya, por Dios, que se me revuelve el estómago solo de pensarlo. Más vale que tú no te mezclas con esas gentes. Voy a traerte un caldito. *(Sale).*

NATALIA

¿Con quién? ¿Con qué gente dices que no me mezcle?

MADRE

(Entrando con una taza de caldo entre las manos) Pues con esos de la acampada. Con los *okupas* amigos del Este.

NATALIA

Los de la acampada no son ocupas.

MADRE

Ah, ¿no? ¿No duermen en el edificio ocupado? Que no hay más que gentes de malvivir en ese sitio...

NATALIA

Los del edificio no merecían ser quemados vivos, mamá. Me da igual que tuvieran ideas separatistas, que no creo que las tuvieran, tú me dirás qué sentido tiene ser separatista en esta ciudad; me da igual que fueran anarquistas, *okupas* o traficantes de droga. No merecían morir de esa forma tan horrible, no merecían ser ejecutados por una turba de exaltados que ha decidido que este sería un lugar mejor si se los quitaban de en medio. Así porque sí. Como una ejecución colectiva.

MADRE

No sabes si es eso lo que ha sucedido.

NATALIA

¿Sabes qué he decidido yo? Que este país será un lugar mejor sin ellos, sin los que asesinan como fieras a gente inocente que no le ha hecho nada a nadie...

MADRE

Eso tampoco es así, Natalia.

NATALIA

Ah, ¿no?

MADRE

No es lo que han dicho en las noticias, hay todavía mucha confusión...

NATALIA

Ah, bueno, si lo han dicho en televisión...

MADRE

Oye, no te burles, ten un poco de respeto hacia tu madre.

NATALIA

Es que te tragas como un pavo todas las mentiras que te cuentan, que así estamos de imbéciles en este país...

MADRE

Bueno, Natalia estás de bofetada y no te voy a aguantar las tonterías como si fueras la cría que ya no eres... No te lo tengo en cuenta porque sé lo que has sufrido esta noche y me duele en el alma lo de esa chiquilla, pero eso no te da derecho a hablarme de cualquier manera. Vete a colocar la compra en los armarios mientras me cambio. *(Hace ademán de salir, pero su hija la detiene).*

NATALIA

¿Te crees la versión que han dado?

MADRE

Natalia, no quiero discutir.

NATALIA

Yo tampoco. Solo respóndeme a esto. ¿Te lo crees?

MADRE

Pero si todavía no saben ni qué ha pasado. Solo se sabe que hubo una pelea y un incendio. Hay muchos muertos y heridos por el incendio y se investiga si los acontecimientos están relacionados.

NATALIA

¿Y de los nazis ni una palabra?

MADRE

¿Pero de qué nazis hablas? De verdad, hija, es que veis sombras donde no hay...

NATALIA

Ah, que no hay, nos los inventamos. ¿Y las imágenes? Mira, mira, por favor, ven. Mira lo que me ha llegado *(Empiezan a ver juntas los videos que proyecta Natalia en su teléfono)* ¿Ves?

MADRE

Veo un tumulto espantoso.

NATALIA

¿No te das cuenta de cómo los van acorralando hacia la entrada del edificio? Y mira, mira este otro. El edificio ya está ardiendo y hay gente en las puertas. Están sellando las salidas...

MADRE

O intentando abrirlas, está borroso, puede interpretarse de distintas formas porque no se ve bien...

NATALIA

¿Pero por qué los defiendes?

MADRE

No los defiendo, es que no concibo que alguien pueda hacer algo así, quemar vivas a personas, no puedo creerlo. Y ya está. Y tienes impresión por lo de tu amiga...

NATALIA

Olga no era mi amiga, solo la conocía.

MADRE

(Conteniéndose) Pero no me digas que los de la acampada y los de la casa ocupada son unos angelitos que no hacen nada, porque ha habido una pelea enorme, que hasta hay policías heridos.

NATALIA

¡Ay, pobrecitos!

MADRE

¿Pero te estás oyendo? ¿Es que te puede parecer bien que ataquen a los agentes de la autoridad, que estaban allí nada más que para poner paz?

NATALIA

No, no, claro que no... A mí no me parece bien que se agreda a nadie. Pero es que lo que están contando no es verdad.

MADRE

¡Y dale! ¿Y tú cómo sabes eso, que sabes más que las autoridades?

NATALIA

Porque lo sé... Pero nada, oye, déjalo. Voy a meter la compra a la nevera.

MADRE

¡Natalia!

NATALIA

¿Qué?

MADRE

¿No te habrás acercado tú a esa acampada?

NATALIA

No, pero conozco gente que sí ha ido...

MADRE

¿Y qué gente es esa?

NATALIA

Pues gente, gente normal. No son independentistas ni nada, son gente normal, compañeros de clase, amigos de otros amigos, gente...

MADRE

¿Gente quién?

NATALIA

Pues Olga, que está muerta. Y su hermana Tania. Y otros amigos de la facultad. No son independentistas ni anarquistas, ni ocupas ni trafican con drogas. Solo son jóvenes. Jóvenes que quieren que las cosas cambien. Que se manifiestan. Que quieren saber. Como Olga, que no era nada, solo una cría.

MADRE

Eso es distinto, ha sido una desgracia.

NATALIA

No es distinto. Es una de las víctimas. Una persona inocente. Como otras tantas. Casi cien.

MADRE

Natalia, deja de darle vueltas, no te haces más que daño.

NATALIA

Sí será lo mejor. Creo que empieza a hacerme efecto el *orfidal*. Si no te importa, me voy a la cama.

MADRE

Sí, vete a descansar, anda.

NATALIA

Pongo la comida en la nevera y me acuesto.

MADRE

No hace falta, ya recojo yo. Tú, descansa, que lo necesitas.

NATALIA

Sí, gracias. Levántame cuando llegue papá a comer.

MADRE

Sí, tranquila. ¡Natalia! *(Su hija se gira sin decir nada).* Prométeme que tú no vas a ir a esa acampada. ¡Prométemelo!

Natalia no contesta y la madre observa como hija se aleja de ella mientras se hace el oscuro.

VI

Natalia estudia sobre la mesa. Tiene el pelo recogido en un moño desaliñado y viste ropa cómoda de estar por casa. Su cara está limpia de magulladuras y sus ojos denotan el brillo de quien tiene la vida por delante. Quizá pasea repitiendo acrónimos en voz alta como forma de recordar los conceptos. Quizá anota en cuartillas de papel aquello que quiere retener en la memoria. No importa cómo, pero Natalia estudia y nada de lo que está fuera de esas páginas, existe para ella.

Su madre entra sacándola del ensueño.

MADRE

Hola, hija. ¿Qué haces?

NATALIA

Hola... ¿Qué tal el día?

MADRE

Ay, pues cansada. Qué poco me gustan los turnos de tarde. Tu padre qué, ya se ha ido.

NATALIA

Hace un ratillo, no sé. Estoy aquí concentrada y me ha tenido que avisar dos veces que se iba.

MADRE

¿La cena ha dejado hecha? Si me tengo que poner ahora a pelar verdura me da ya algo.

NATALIA

No, no. Ha hecho la cena antes de irse.

MADRE

¿Y tú?

NATALIA

¿Yo qué...?

MADRE

(Saliendo hacia la cocina) ¿Qué te tiene tan concentrada, que no levantas la cabeza de los libros? ¿Tienes algún examen? No son fechas...

NATALIA

No, no, qué va. Es que me han escogido para participar en una operación.

MADRE

(Se asoma) Ah, ¿sí? Pero que buena noticia. ¿Y cómo ha sido?

NATALIA

Pues en clase de Pediatría. El profesor es en realidad cirujano pediátrico. Tiene la doble especialidad...

MADRE

(Saliendo con ropa de estar en casa y dos tazas de café) Es el que os pone casos prácticos. *(Dándole uno de los vasos)* Toma.

NATALIA

Cargado de cafeína. Gracias. Sí, sí. Ese del que te hablo siempre, pero es que sus clases son las mejores; nada de rollos teóricos y venga de análisis de casos. Al final del semestre pasado, justo antes de exámenes, nos dice que tiene un caso único, de los que se ven pocas veces a lo largo de la carrera y que quiénes averigüen el diagnóstico podrán participar en la operación que tiene programada. Como observadores, claro. No va a dejar cortar nada, pero es una oportunidad, aunque no toquemos ni un bisturí.

MADRE

Pues sí.

NATALIA

El profe nos ha puesto en grupos. Y yo, con Marina, claro, y con otro compañero.

MADRE

Como no...

NATALIA

Nos da la analítica, distintas imágenes de pruebas diagnósticas y nos dice, como pista, que la masa que presenta el paciente no es tumoral. Y, venga, a buscar.

MADRE

Parece un juego de pistas.

NATALIA

Un poco sí. Es fácil porque, por mucho que sepas que es un niño real, para ti no son más que un montón de datos. No has vista la cara ni te ha dado pena el color levemente azulado de la piel. Ahora es distinto porque ya la conozco. Es una niña. Se llama Irina y es muy bonita. Algo más pequeña que las niñas de su edad. Y con unos ojos muy despiertos, aunque la fatiga la tenga atada a la cama.

MADRE

Pobrecita.

NATALIA

Hemos estado semanas como locas analizando los datos que nos había dado el profesor. Había algunos indicios, como el tipo de pruebas a las que habían sometido a la paciente, además de las analíticas.

Y mira, se había puesto en el grupo con nosotras el raro ese que te he contado...

MADRE

No sé quién es el raro...

NATALIA

Sí, ese que en *farma* robó unas pastillas del laboratorio, el que lleva diez años haciendo medicina y aún no ha terminado...

MADRE

Sí, sí, ya me lo has nombrado.

NATALIA

Pues nos toca a Marina y a mí con él y pensamos, *jo*, todo el trabajo para nosotras, menuda suerte. Pues oye, no, el chaval...

MADRE

Bueno chaval, chaval... no sé yo, que será ya casi de mi edad...

NATALIA

(Riendo de la ocurrencia sin gracia de su madre) Casi, casi, porque vamos... Bueno, la cosa es que el tío se lo toma en serio y al final, nos ponemos a hacer diagnóstico diferencial entre los tres con el tiempo ya encima. Nuestra hipótesis es que la dolencia no era adquirida, así que, nos centramos en las enfermedades pulmonares o cardiopulmonares congénitas que necesiten, con el tiempo, intervención quirúrgica, compatibles con los valores de la analítica que nos ha proporcionado el profesor y que en el proceso diagnóstico ha necesitado, además de radiografía, tomografía axial computarizada.

Suena el teléfono de la madre.

MADRE

(Levantándose a buscar el teléfono) Espera, que miro a ver quién es. Tu padre no creo. *(Sale y regresa con el teléfono en la mano).* No he llegado, es la tía Pili. Ya la llamaré dentro de un rato. Tú sigue.

NATALIA

Vale, pues eso, que nos ponemos con el diferencial y vamos descartando unas enfermedades y otras, y que si el volumen de oxígeno no cuadra, que esto no conlleva cianosis, bueno, en fin, retorciéndonos la cabeza durante semanas. Yo descartaba todo lo que era medianamente fácil e iba mirando índices de prevalencia porque el profesor nos dijo que este tipo de casos se ven pocas veces a lo largo de una carrera. Y al final, emitimos un diagnóstico: cardiopatía congénita cianótica debida a fístula de aorta pulmonar. Todo cuadraba. Infecciones de repetición, cianosis generalizada, dedos en palillo de tambor, uñas en vidrio de reloj, submatidez en la base pulmonar izquierda con estertores húmedos, soplo sistólico, la analítica... Además de la escasa prevalencia. Cuadraba, pero estábamos llenas de dudas.

MADRE

No me extraña. Pero qué forma tan competitiva de trabajar... No sé si tengo yo nervios para eso.

NATALIA

Pues sí y no. Al fin y al cabo, cada grupo tenía que cooperar entre sí para alcanzar un resultado de consenso. Y los demás, pues eran competidores, pero hasta un punto, porque si atinaban en el diagnóstico, también conseguían integrarse en el equipo quirúrgico, así que... Al final hemos sido dos equipos los que llegamos a la misma conclusión, y los seis estaremos en la operación. Y la estoy repasando porque queda poco para la intervención. ¡Tengo unos nervios!

MADRE

Estoy muy orgullosa, hija. No sabes cuánto...

NATALIA

Bueno, solo es un ejercicio académico, pero sí, es una oportunidad de aprender. Hoy por fin hemos conocido a Irina y hemos participado ya en las reuniones de equipo. Estamos un montón de gente. Hay dos cirujanos titulares, mi profe y otra doctora, un montón de residentes, seis estudiantes, la anestesista, el cuadro de enfermeras... ni sé. Nos han presentado el plan quirúrgico. Incluso nos han dado un busca, como a los cirujanos de verdad.

MADRE

Lo que vas a ser, cariño.

NATALIA

Bueno, te ciega el amor de madre. Primero hay que acabar la carrera y luego, veremos donde termino. Por ahora, no soy más que una estudiante, el último mono.

MADRE

(Con un gesto cariñoso). Pero eres una monita muy lista y yo estoy muy orgullosa de ti.

NATALIA

Que sí, que me lo dices mil veces al día...

MADRE

La primera médica de esta familia de pelagatos.

NATALIA

No me gusta que digas eso, os infravalora. No me gusta nada...

MADRE

Bueno, no te tomes todo tan en serio...

Suena ahora el teléfono de Natalia.

MADRE

¿No coges?

NATALIA

Será Iván. He discutido con él.

MADRE

Qué raro. Qué ha pasado esta vez.

NATALIA

Nada, que es un pesado.

MADRE

Pero hija, coge... O cuelga, que me pone dolor de cabeza ese timbre.

El teléfono para.

NATALIA

Ya ha colgado.

Empieza a sonar el teléfono de la madre.

MADRE

Pero que pasa esta tarde con los teléfonos.

Suena el de Natalia de nuevo.

NATALIA

Es Marina. ¿Sí?

MADRE

Es tu padre. ¡Dime!

NATALIA

¿Qué? No, estoy memorizando el caso de Irina...

MADRE

¿Qué? No, estoy hablando con la niña...

NATALIA

¿Dónde?

MADRE

¿En el Este?

NATALIA

¿Qué dices? Muertos...

MADRE

¿El estado de qué...?

NATALIA

¿A la plaza? A la plaza a qué... Marina, estoy estudiando, no me voy a ningún sitio.

MADRE

Piquetes... ¿Piquetes de qué? ¿Hay huelga o...?

NATALIA

Pero ¿qué dices? No te entiendo nada.

MADRE

Oye, no te escucho, se entrecorta, no te entiendo nada... *(Mirando a Natalia)* Se ha cortado.

NATALIA

(Dirigiéndose a su madre). ¡Ha colgado!

MADRE

Era papá...

NATALIA

Era Marina...

MADRE

Me ha dicho que han aparecido compañeros de la fábrica pidiendo que se unieran a una asamblea en la hora de descanso.

NATALIA

A mí me ha dicho que va camino de la plaza, hay gente protestando por lo que ha sucedido...

MADRE

... en el Este.

NATALIA

Sí. En el Este. ¿Pero qué ha sucedido?

MADRE

No lo sé. He pasado la tarde trabajando. Limpiando los tarros caídos en la sección de encurtidos, la mancha pegajosa del suelo al lado de la máquina de zumo de naranja. Esquivando los carros de la compra de personas sin rostro que recorren, a ritmo de fin del mundo, los pasillos del supermercado.

NATALIA

Yo tampoco lo sé. He pasado la tarde repasando las posibles complicaciones de la intervención quirúrgica de Irina. Las características de su enfermedad, los conceptos de anatomía básica, el recorrido de la aorta pulmonar, sus ramificaciones... Y todo para una operación en la que, en el mejor de los casos, sujetaré una bandeja y en el peor, tendré que hacerme hueco entre una turba de residentes y estudiantes tan ávidos de conocimientos como yo, para conseguir observar en primera fila la destreza de los cirujanos. Así que, no, no sé qué ha pasado en el Este. Ni por qué la gente está acudiendo a la plaza...

Vuelve a sonar el teléfono de la madre.

MADRE

Es otra vez Pili.

NATALIA

¡Contesta!

MADRE

No quiero.

NATALIA

¿Por qué?

MADRE

No lo sé... Pero no quiero. Quiero detener la vida en este momento. Quedarnos como estamos, suspendidas en la cocina de nuestra casa, hablando de operaciones, escuchando todas esas palabras que ni comprendo, disfrutando de un café cargado contigo dentro de estas cuatro paredes, como si nada de lo que sucediera fuera pudiera penetrar los muros.

NATALIA

Yo no puedo. A ver qué pasa...

Empieza a teclear en el teléfono, pero su madre se lo quita.

MADRE

¡No mires!

NATALIA

¿Encendemos la tele?

MADRE

¡No!

NATALIA

Por ver qué ha pasado.

MADRE

¡No! Parece uno de esos momentos en los que todo ha cambiado sin darnos cuenta y no quiero saberlo.

NATALIA

Ya es tarde. La incertidumbre se ha colado por las rendijas. Ahora ya solo podemos saber. Voy a poner la tele.

MADRE

¡No!

Natalia busca el mando y enciende un televisor.

NATALIA

¡Sí!

Las voces que salen de él se mezclan con el timbre de los teléfonos de ambas.

MADRE

Es tu padre.

NATALIA

Es Iván.

MADRE

No cojas, quédate conmigo.

NATALIA

No lo cojo, me quedo contigo.

El reflejo del televisor se empieza a abarcarlo todo. Las noticias sobre la insurrección en el Este que escupe la pantalla se mezclan con los teléfonos que suenan ya incansablemente y con las sirenas que empiezan a escucharse en el exterior. Ambas mujeres, madre e hija, se van encogiendo, estupefactas ante las noticias que llegan, mientras se hace el oscuro.

HILOS DE SANGRE

Esmeralda Gómez Souto

Un cierto olor a Lorca

Cuando el director Félix Martín me propuso en un café escribir el texto para un espectáculo que estaba fraguando junto a las gentes de *Riesgo Teatro* y me contó de qué punto partían, le dije que no me veía haciendo ese trabajo. Pero también le dije en ese mismo momento que Esmeralda Gómez Souto podría asumir ese mismo reto; era una intuición y no me equivoqué.

Sara Lapiedra y Nacho Blancas (*Riesgo Teatro*) habían producido una pequeña pieza de unos quince minutos en el que desgranaban el poema *Thamar y Amnón* de Lorca, que cierra su *Romancero Gitano*. Lo habían presentado en una pequeña sala alternativa zaragozana y querían ahora, con la dirección de Félix, convertirlo en un espectáculo de duración habitual. Ya tenían fechas para el Teatro del Mercado de Zaragoza y después se quería girar por todos los circuitos que tuvieran interés en la propuesta.

Cuando la idea le llegó a Esmeralda, no había un planteamiento cerrado sobré qué contar y cómo hacerlo. Es verdad que en el breve espectáculo germinal ya se utilizaban unos recursos de interés: el poema de Lorca, la música a la guitarra de inspiración flamenca de Nacho y la capacidad como cantante de Sara. Pero el espectáculo podía caminar a un *collage* lorquiano, de los que se suelen hacer sin mucha fortuna, o partir de lo que cuenta el poema y embarcarse en un proyecto más complejo y estimulante, que fue la propuesta que, con gran acierto, se decidió llevar a cabo.

La columna vertebral de *Hilos de Sangre* surgió de los encuentros creativos en torno a un café que se celebraron entre Esmeralda, Félix, Sara, Nacho y este prologuista. Pero fundamentalmente surgió de la sintonía y complicidad establecidas desde el primer momento entre Esmeralda y Sara. Fueron la voluntad e intuición de Esmeralda, avalada por el resto, las que llevaron a decidir que la historia a contar en todo el espectáculo era la historia mítica y bíblica de Thamar y Amnón; y, a partir de ella, hacer del espectáculo una clara expresión y reflexión de la violencia ejercida a lo largo de los tiempos por parte del hombre a la mujer. Eso que ahora llamamos violencia de género y que tiene múltiples y terribles manifestaciones: el acoso, el abuso, la violación, el incesto, el feminicidio...

Una vez decidido el argumento de la pieza (la historia de Thamar y Amnón) y algunas de las características del espectáculo (música en directo, uso de las voces, cuatro intérpretes en escena con posibles usos y papeles...) Esmeralda comenzó una labor de investigación y estudio sobre dos temas: la historia bíblica y su plasmación en los textos religiosos, en la poética tradicional y en varias obras de teatro clásico, por un lado; y el tema de la violencia de género plasmado en las noticias contemporáneas que están en nuestro entorno día a día y su fijación escrita también en varios libros autobiográficos o de ficción a partir de lo periodístico, por el otro lado.

Todo ese material ingente (al que Esmeralda accedió con habilidad y precisión por sus estudios de filología, su experiencia como docente y su interés personal en el tema) llevaron a la conclusión de que la historia de Thamar y Amnón era realmente paradigmática y funcionaba muy bien como relato mítico y referente eterno de la violencia sobre las mujeres. Y también quedó claro que el presente y el pasado, presentado en algunos momentos de manera alterna, le permitiría a Esmeralda crear un texto de gran pertinencia social y de actualidad innegable, dado el retroceso en los últimos años de las políticas de violencia de género desde posiciones retrógradas, cada vez más presentes miremos donde miremos por desgracia. Y a ello hay que hacer frente como hace este texto.

Todo esto había que llevarlo a cabo y Esmeralda Gómez Souto lo ha hecho con una dramaturgia donde la tragedia mítica, el lirismo apasionado y la denuncia social conviven de una forma armónica y eficaz.

Y es allí donde digo que "ese cierto olor a Lorca" es profundo y es real. Tomando, por ejemplo, como modelo *Bodas de Sangre*, en el que Federico hace convivir la raíz de la tragedia griega, con la contemporaneidad de un suceso acaecido en su entorno, y con la reflexión profunda sobre el abismo que se abre en las relaciones sexo-afectivas mal entendidas, el texto de Esmeralda opera de forma similar a partir del poema de Lorca y la historia en la que se inspira dicho poema. Una atrevida y satisfactoria aproximación a Federico, pero con todas las características propias y definidas con las que Esmeralda va dibujando voz a voz su *Hilos de Sangre* de forma propia y singular. Algo que sitúa la obra en el mejor teatro poético que tanto ha marcado la dramaturgia española de todos los tiempos.

El recorrido dramatúrgico que ha pergeñado Esmeralda Gómez Souto en 9 escenas o tránsitos comienza con una Thamar ya ultrajada, ya violentada por su hermano. Llega para apelar al público como el receptor de un grito, de una llamada a la reflexión y de un juicio. De allí, y pasando, por primera vez, tanto por el relato bíblico como por la sucesión de hechos comparables de la realidad contemporánea, el texto camina hacia la infancia de ambos personajes. Buscando allí la raíz última de un crimen repetido hasta la saciedad y que suele quedar impune: el patriarcado. La designación desde el nacimiento de una diferencia entre lo masculino y lo femenino, lleva a darle al hombre privilegios y derechos de satisfacción de sus impulsos y deseos negando a la mujer la capacidad de poner coto a los mismos según sus propios deseos y voluntades. El hombre convertido en depredador y la mujer en víctima del acoso, el abuso y la violación.

Desde ese *flashback* inicial la acción sigue caminando como un coro de voces que a veces enuncian personajes como Absalón, David o Jonadab y los protagonistas Thamar y Amnón, y otras veces son simplemente un Coro, unas Voces, un Coro de Thamares... Porque el texto es, en parte, como una tragedia griega, un canto colectivo, un oratorio en el que un grupo de oferentes lanzan al público su historia para un juicio colectivo vinculando el teatro a un rito social cercano a lo sagrado.

En este, como en otros casos de producción teatral, mientras Esmeralda escribía el texto no estaba todavía claro el número de actores, su sexo y el reparto de papeles que iban a tener finalmente... Pero la autora escribía, con los elementos de lo que conocía y con la intuición de lo que desconocía, sabiendo con ello afirmar un marco profundamente teatral y que reveló toda su plenitud con la puesta en escena que fueron fraguando, en paralelo al proceso mismo de estar escribiendo.

Esmeralda ha sabido también, como Federico, usar tonos y recursos distintos, combinándolos con tino en un mismo texto. Del tono apologético, de los momentos más directos de la protagonista al público, al tono casi farsesco con el que David nos cuenta su historia con Betsabé. De los momentos en que se apela a la lírica popular, con textos del Cancionero, de Tirso de Molina o del mismo Lorca, a los textos escritos por Esmeralda cercanos a la narrativa contemporánea y a los relatos autobiográficos de casos que oímos sin parar en las noticias.

La trama crece y crece con buen tránsito. Cumpliendo, como en las grandes tragedias, con el crimen y la venganza ya anunciados, pero con la sorpresa y el estupor vírgenes al oír lo que sucede y cómo sucede. Dolor del oído empático que sufre leyendo cómo se cuenta lo que se cuenta. Después de todo ese ese el papel de los buenos dramaturgos tal y como Aristóteles los define en su *Poética*.

No quisiera contar mucho más de un texto que me admira y me conmueve, de una autora que demuestra sabiduría escénica, rotundidad de discurso e implicación social. Y de quien espero, con ansiedad, nuevos hallazgos dramatúrgicos.

Alfonso Plou

Septiembre de 2025

Esta obra se estrenó en el Teatro del Mercado de Zaragoza el 3 de abril de 2025 con la siguiente

Ficha Artística

Reparto

Sara Lapiedra: Thamar

Eva Lago: Abasalón, Jonadab, Coro de Thamares

Luisal Martu: Amnón, rey David

Nacho Blancas: Guitarra y voces

Equipo artístico

Asesor de dramaturgia: Alfonso Plou

Coreografía: Amador Castilla

Iluminación: Bucho Cariñena

Escenografía: Félix Martín

Vestuario: Raquel Poblador-Obsidiana Atelier

Diseño gráfico y fotografía: Lorena Cosba y Luis López

Composición musical: Nacho Blancas

Texto: Esmeralda Gómez Souto

Dirección: Félix Martín

A Julia, siempre

A todas las mujeres que han recorrido el tiempo tejiendo redes y alzando voces

ESCENA I. THAMAR

THAMAR

Soy Thamar, princesa de Israel.
Hija de David y de Makáa.
Hermana de Absalón.
Me parió mi madre una noche de presagios inciertos.

Suena el correr de la arena con el viento, timbales, ecos ancestrales que hacen pensar en la caricia del viento contra la tierra.

Nací una noche de estrellas no alineadas y luna menguante.
Hubo susurros.

Un rumor de arena cayendo, timbales atenuados, el preludio del cuchicheo

VOCES

Susurros de mal agüero...
Mal agüero
Mal agüero
Shhhh...

THAMAR

Mi padre me alzó en brazos, arrebatada de los pechos vacíos de mi madre y me miró bajo la luz de la luna.
Se llamará Thamar.
Lo dijo él.
Él lo eligió.
Cuentan que la luz de la luna bañó mi cuerpo cuando apenas me había acostumbrado a la vida.
Mi madre no dijo nada. Nunca dijo nada.
Ella fue siempre silencio.
Una sensación más que una madre.
Una creencia incompleta del tacto, del cariño, de la palabra. Pero apenas corporalidad.
Su ausencia sí fue un presagio. No las estrellas. Ni la luz de la luna, que bañó mi cuerpo pegajoso de bebé.
Sangrante.
Sucio.
Hay muchos cuentos de la luna. Pero no fue la luna.
Fue la ausencia de mi madre. Y la voluntad de mi padre.
Se llamará Thamar. Como las palmeras. Dulce como sus frutos.
Acogedora, como la sombra en el oasis.
Thamar.
Y ella no dijo nada.

Mi madre, Makáa, hija de Talmai, rey de Gesur, no dijo nada. Como nada dijo su madre, mi abuela, esposa de Talmai, reina de Gesur. De ella ni el nombre conservo.
Ese era el legado.
Yo era hija de un rey y de un silencio.
Una niña expulsada al mundo de los hombres.
Aunque me ocultaran en prisiones de mujeres.
Ese fue mi peregrinar por el desierto. Mis cuarenta años de agonía, mi castigo divino, mi pecado original.
El pecado impuesto a las mujeres con metáforas de manzanas.
La soledad en el mundo fraterno.
Mi madre me dejó sola y sin escudo.
No dejó solo a Absalón. Me dejó sola a mí. Porque el destino de una reina es engendrar a un varón, a un heredero, que reciba el peso del poder de manos del padre. Para eso ha servido siempre el vientre de las mujeres.
Cuando mi madre parió a Absalón, parió una promesa de futuro.
Parió a un posible heredero.
Cuando me parió a mí, parió el peso de la estirpe de las mujeres.
Con la obligación de la obediencia.
La obligación de la virtud.
Y la virtud del silencio.
Pero ya no tengo virtud y me he sacudido el silencio.
No me queda ninguna de las obligaciones que me impusieron los hombres. Ni honra ni obediencia ni silencio, porque cuando aquel que debe preservar su virtud, que es la mía, da la espalda a su obligación, yo, en medio del dolor y la vergüenza, renazco libre.

VOZ DE DAVID
Silencio, Thamar, silencio.

THAMAR
Que calle, me dijo padre. El rey. El administrador de justicia. David, que venció a gigantes y no encuentra el temperamento para vencer los caprichos de su primogénito.
Me dijo...

VOZ DE DAVID
Shhh... Calla, no grites. Arregla tus ropas, recoge tu pelo, perdona a tu hermano...

VOCES
Perdona a tu hermano, Thamar...
Perdona...
Perdona, Thamar, perdona...
Perdona, que es tu hermano.

THAMAR
Pues no perdono.
¡No lo perdono!
Porque yo soy Thamar. Hija de David y de Makáa. Hermana de Absalón. Princesa de Israel.
No perdono. Pido justicia para la mayor de las infamias, la mayor de las violencias.
Pido justicia a gritos, desgarrada, desangrada...
Justicia, pido, justicia.
Porque yo soy la primera, como dicen los libros, pero no seré la única.
Solo la iniciadora de la raza de las innombrables. La de las mujeres ultrajadas, silenciadas, injuriadas, deshonradas, maltratadas, violadas.
Pienso que en mí comienzan todas las violencias y siento que en mí comienzan los silencios.
Si los hombres no condenan mi violencia, si los hombres se perdonan a sí mismo, toda la violencia será desatada contra nosotras.
Seré una más. Y no podré salvar al resto.
Solo seré Thamar, la primera de las Thamares.
Thamar, Thamares, Altamares, Altamar, Mar, Tamara. Thamar. Amar. Matar. Thamar.
Y a mí una noche de luna llena me violó mi hermano Amnón.
De mi vientre cayeron hilos de sangre.
Restos quedan en mi túnica rasgada. ¡Mirad! Mirad
Mirad los hilos de sangre.
Las pruebas de la infamia.
De la vergüenza.
De la vergüenza instalada
en mi casa.
En mi vientre.
En mi estirpe.
Mi hermano Amnón me violó y yo me arrastro por el suelo
y nadie quiere oír mi lamento.

CANTOS
He cerrado mi balcón
porque no quiero oír el llanto
pero por detrás de los grises muros
no se oye otra cosa que el llanto[1].

[1] *Cásida del llanto,* Federico García Lorca.

THAMAR
Mi padre, David, que se enfrentó a ejércitos y a gigantes, me ha dicho que calle.

VOZ DE DAVID
Calla, Thamar. Que te calles.

VOCES
Calla, Thamar, que te calles.
Calla.
Que te calles.
Calla.
No digas más.

CANTOS
He cerrado mi balcón
porque no quiero oír el llanto
pero por detrás de los grises muros
no se oye otra cosa que el llanto[2].

VOZ DE DAVID
Yo te ordeno que te calles. Que perdones y que calles.
¿No me perdonó a mí Yahvé?
Y quién eres tú para contradecir a Dios, mujer.

VOCES
Calla, Thamar, que te calles.
Calla.
Que te calles.
Calla.
No digas más.

THAMAR
Mi hermano Amnón me violó una noche de luna llena.
Me forzó a través de engaños.
No fue enfermedad de amor ni locura.
Fue un capricho urdido por sus ingles de primogénito.
Y un engaño amparado por sus iguales.
Pero es que todos lloraban a Amnón, el príncipe triste, el desolado, el angustiado, el afligido, el solitario.

---

[2] *Idem.*

VOZ
O Amnón está loco, o ama[3].

VOCES
Amnón está loco o ama.
Ama, ¿a quién ama Amnón?
Ama, ¿a quién ama Amnón?
Amnón está loco o ama.
Ama, ¿a quién ama Amnón?
Que loco se volvió.

THAMAR
Lo visitaron médicos, boticarios, alquimistas.
Nadie daba con su mal, porque su mal no era mal.
Era capricho.
Era deseo desnaturalizado.
Era poder.
El poder de la primogenitura.
El que nadie discute.
Al que todos se inclinan.

-Quiero un caballo.
- ¡Un caballo!
-Quiero una espada.
- ¡Una espada!
-Quiero que todos me dejen ganar.
- ¡Nadie podría ganarte, señor!
-Por tu inteligencia...
-Por tu pericia...
-Por tu fortaleza...
-Por tu buen hacer.
Amnón, primogénito, tocado por Dios.
Por el padre.
Por la madre.
Por la Historia.
Los ancestros
e Israel.

VOCES
¿Qué quieres, Amnón? ¿Qué quieres?
¿Qué quieres más,
que no tienes?

VOZ DE AMNÓN
Quiero a mi hermana.

---
[3] Verso de *La venganza de Tamar*, Tirso de Molina.

Silencio tenso.

THAMAR
Y una noche de luna llena, valiéndose de sus engaños y de mi inocencia, Amnón me violó.
Y los hombres me pidieron silencio.

Se oye un susurro con la voz de una mujer.

VOZ DE MUJER
No estás sola Thamar, no estás sola.
Somos muchas.
Somos más...

Se suma la voz otra mujer. Otra Thamar. Y luego otra, y otra y otra más hasta alcanzar un océano de voces de mujeres que hablan entre susurros primero, a voz en grito después.

Cuando tenía catorce años, mi madre y yo nos fuimos a la casa de verano de mi abuelo a otro país. Yo tenía una bonita habitación con vistas a un jardín con piscina. Por allí pasaba mucha gente: amigos, vecinos, familia... Gente distinta de todas las edades. Todo era alegría y bullicio. Una noche, un pariente de mi madre, uno de los muchos visitantes a aquella casa, entró en mi habitación. En la madrugada. En silencio. Y me violó. Yo no sabía nada del sexo y de pronto todo era sucio y de mi cuerpo salían hilos de sangre.

CORO DE LAS THAMARES
No estás sola Thamar, no estás sola.
Somos muchas.
Somos más...

Dejé de comer y no dormía por las noches. Las pasaba en vela vigilando por si volvía. Coloqué una butaca delante de la puerta para que hiciera ruido si intentaba abrir. Durante el día estaba muy cansada y se me borró la alegría. No entendían qué me estaba sucediendo. "Será la edad", decían. Pero nadie me preguntó nada. Cuando al fin volvimos a casa, se lo confesé a mi abuela. "Eso nos sucede a todas alguna vez", me dijo. "No es para tanto".
No volví a hablar de ello para no disgustar a mi abuela, que me pidió silencio.

CORO DE LAS THAMARES
No estás sola Thamar, no estás sola.
Somos muchas.

Somos más...

Cuando tenía diez años, mi hermano de catorce se coló en mi habitación. Hizo cosas que yo no entendía, y que no me gustaban y me dolían. De mis piernas manaban unos hilos de sangre. "Si hablas con mamá, dejará de quererte y te tratará como una puerca". Un día empezó a crecer mi barriga. Tenía dentro un bebé. Dijeron que la relación entre hermanos era normal en mi cultura. Luego tuve un bebé hijo y sobrino. Y me pidieron silencio.

CORO DE LAS THAMARES
No estás sola Thamar, no estás sola.
Somos muchas.
Somos más...

Era muy pequeña, sentí que unos dedos me rompían por dentro. En mis bragas de niña, unos hilos de sangre. Mi madre los vio y no dijo nada. Nadie me pidió nada, pero crecí en el silencio.

CORO DE LAS THAMARES
No estás sola Thamar, no estás sola.
Somos muchas.
Somos más...

Me encontraron muerta en mi habitación. Desnuda de cintura para abajo. Nadie escuchó nada. Mi hermano había desaparecido. Pensaron que alguien entró, sigiloso, me mató a mí y se llevó a mi hermano. Pero nadie ajeno entró en la casa. Él apareció horas después. Muerto también. Se arrojó por un precipicio. Se rumoreó por el pueblo que...

VOCES
Los hermanos se entendían...

Y yo, me diluí en el silencio.

CORO DE LAS THAMARES
No estás sola Thamar, no estás sola.
Somos muchas.
Somos más...

THAMAR
Soy Thamar.
Hija de David y de Makáa.
Hermana de Absalón.
Y vengo a buscar justicia para las mujeres.
Vengo a quebrar el silencio.

ESCENA II. INFANCIA

Thamar es una niña de largas trenzas. Juega a la comba en el jardín de palacio, rodeada de flores perfumadas. Canta coplas infantiles, ajena a la presencia furtiva de Amnón.

THAMAR
Hacia Roma caminan dos peregrinos,
a que los case el Papa porque son primos[4].

Intensifica la velocidad de la comba para hacer pares acompañada de unos versos que también crecen en intensidad.

A la de una, a la de dos, a la de tres,
a la rosa y al clavel...

Trastabilla con los pies y no consigue terminar la canción sincronizada con el movimiento de la cuerda.

¡Jo! Otra vez... Soy la más torpe de las torpes...
Se van a reír de mí.
¡No! Solo hay que volver a intentarlo. Es lo que padre le dice a Absalón. No importa que te caigas mil veces si mil veces vuelves a levantarte.

Intenta de nuevo la secuencia completa con el mismo cantar y suerte parecida.

Hacia Roma caminan dos peregrinos,
a que los case el Papa porque son primos[5].
A la de una, a la de dos, a la de tres,
a la rosa y al clavel...

¡Jo!

Tira la comba con enfado y coge una manzana de un árbol frondoso del jardín. Se sienta a su sombra a comer y tararea una nueva canción.

Si tu madre quiere un rey,

---

[4] *Canción de Los peregrinitos*, Federico García Lorca.

[5] *Idem.*

la baraja tiene cuatro:
rey de oros, rey de copas,
rey de espadas, rey de bastos[6].
¡Claro!

Deja la manzana mordisqueada y coge la cuerda de nuevo. Salta al ritmo, mucho más acompasado, de la nueva canción. Ahora ya no se enredan los pies en la comba.

Si tu madre quiere un rey,
la baraja tiene cuatro:
rey de oros, rey de copas,
rey de espadas, rey de bastos[7].
¡Sí!

Repita la acción.

Si tu madre quiere un rey,
la baraja tiene cuatro:
rey de oros, rey de copas,
rey de espadas, rey de bastos[8].

Amnón sale súbitamente de su escondite, cantando a voz en grito, e intenta entrar en la parábola que traza la comba al saltar, pero solo logra que el juego termine.

AMNÓN
Corre que te pillo, corre que te agarro,
mira que te lleno la cara de barro[9].

THAMAR
¿Qué haces, Amnón?

AMNÓN
Yo también quiero jugar.

THAMAR
Pero no así...

AMNÓN
¿Por qué no?

---

[6] *Los reyes de la baraja*, Federico García Lorca.

[7] *Idem.*

[8] *Idem.*

[9] *Los reyes de la baraja*, Federico García Lorca.

THAMAR
Porque eres un bruto.

AMNÓN
Porque puedo.

THAMAR
Pues me voy, no quiero jugar contigo.

Se interpone en su camino

AMNÓN
¡No puedes irte!

THAMAR
¿Por qué no?

AMNÓN
Porque yo lo digo. Tienes que quedarte y jugar conmigo a la comba. Y cantar.

Le tira el cabo de la cuerda, pero Thamar no lo coge y la comba cae al suelo. La discusión que sigue irá subiendo la cólera de ambos.

THAMAR
¡No!

AMNÓN
¡Sí!

THAMAR
¡No!

AMNÓN
¡Sí!

THAMAR
Tú no mandas.

AMNÓN
Sí mando y me tienes que obedecer.

THAMAR
Solo me manda padre... Tú no.

AMNÓN
Soy el primogénito. En ausencia de padre, mando yo.

THAMAR
Pues no, porque si no está padre, me manda Absalón, que es mi hermano. Tú no.

AMNÓN
Yo también soy tu hermano.

THAMAR
Sí, pero menos.

AMNÓN
¿Lo dices por las madres?

THAMAR
Sí.

AMNÓN
Las madres no importan.

THAMAR
Ni tú me importas a mí, bruto.

Amnón, lleno de rabia, reacciona dándole un tirón en las trenzas. Thamar sale corriendo roja de ira y Amnón ya no hace nada para interponerse en su camino.

THAMAR
Vas a ir a Absalón...

Amnón, solo en el jardín, coge la manzana mordisqueada que ha dejado su hermana y se la come. A lo lejos, se escucha la voz de Thamar cantando.

THAMAR
Del olivo me retiro,
del esparto yo me aparto,
del sarmiento me arrepiento
de haberte querido tanto[10]

Amnón termina de comerse la manzana y tira el corazón. Ya no es un niño. Es un joven apuesto, un príncipe de apariencia tranquila,

---

[10] *Los reyes de la baraja*, Federico García Lorca.

pero carácter oscuro. Entra Absalón, su hermano y hermano de Thamar.

ABSALÓN
Estás aquí.

AMNÓN
Leyendo en la calma de los jardines.

ABSALÓN
El príncipe sabio te llaman ya algunos.

AMNÓN
Solo los aduladores.

ABSALÓN
Y los sorprendidos porque un joven de tu edad guste más de la compañía de los libros que de las armas.

AMNÓN
¿Para qué me buscabas?

ABSALÓN
Es por Thamar.

AMNÓN
(Inquieto) ¿Qué le sucede?

ABSALÓN
Nada salvo la edad. Hoy se retira. Empezará a prepararse para sus futuras obligaciones con el resto de las mujeres. Y desea despedirse de su hermano.

AMNÓN
¡No es posible! Si parece que era ayer cuando saltaba en estos jardines con sus trenzas.

THAMAR
Pero ya no tengo trenzas que puedas estirar.

AMNÓN
Querida hermana. Qué rápido ha pasado el tiempo. Y cuántos recuerdos se van hoy contigo

THAMAR
Los recuerdos no se van, son los que permanecen.

AMNÓN
Sentiré extraños estos jardines sin tus cantos y tus juegos.

THAMAR
Era una chiquilla muy obstinada.

Amnón coge la cuerda, que continúa en el suelo del jardín olvidada. Se la ofrece a Thamar. Ella la dejará caer. Él canta.

AMNÓN
Hacia Roma caminan los dos hermanos,
a que los case el Papa porque son...

THAMAR
No recuerdas la canción. Eran dos peregrinos que van a pedir permiso para casarse porque eran primos, no hermanos.

AMNÓN
Debo haberla olvidado, sí.

ABSALÓN
Dejad las canciones que ya casi se asoma la luna. Thamar, es tiempo.

THAMAR
Querido Amnón, te deseo la mayor de las venturas.

AMNÓN
(La coge de las manos) No dejes nunca de cantar.

Thamar sonríe. Se zafa de las manos de Amnón y sale con Absalón. Amnón permanece en el jardín, iluminado ya solo por la luz de la luna.

AMNÓN
Corre que te pillo, corre que te agarro,
mira que te lleno la cara de barro[11].

---

[11] *Los reyes de la baraja*, Federico García Lorca.

ESCENA III. ENFERMO DE AMOR

VOZ
Pajaricos que hacéis al alba
con lisonjas alegre salva,
cantadle a Amnón,
que las tristezas le quitan la vida
y no sabe si son de amor,
y no sabe si de amor son[12].

AMNÓN
Traedme una ballesta, que yo enseñaré a esos pájaros a no contrariar al primogénito.

Cesan las voces, pero no los cantos de los pájaros.

¿Es que no me escucháis?
¿No sois capaces de revertir los ejes de la tierra ante mi ley?
¡Que no quiero nada sino el silencio!
Vagando por el desierto desearía acabar mi existencia, como un nuevo Moisés penitente, pero sin pueblo al que conducir.
Solo, ya que no puedo estar con ella.
O muerto, para no desear.

Porque estoy ahogado en el deseo.
Y porque todo es ella a mi alrededor.
Ella son los cantos de la aves porque me recuerdan a sus cantos en este jardín.
Yo la escuchaba escondido tras el laurel, mordiéndome los labios hasta la sangre.
Ella son las palmeras porque son su nombre.
Y las flores del jardín, con las que adornaba sus trenzas.
Y la tierra que pisaron sus pies desnudos.
Y el agua de la fuente, donde sumergía sus manos.
Con ellas hacía un cuenco y bebía. Las gotas de agua se desbordaban de sus comisuras y caían por su rostro. Rodaban por el cuello y seguían su viaje al interior de su túnica, hasta el lugar prohibido.
Y yo deseaba ser gota y acariciar esa piel brillante.
Deseaba ser aire y entrar hasta el fondo de sus pulmones sin pedir permiso.
Deseaba ser lo que fuera, si eso me hubiera dado acceso a su cuerpo.
La primogenitura por el tacto de sus pechos.

---

[12] Fragmento de *La venganza de Tamar*, Tirso de Molina.

VOCES

Amnón está loco o ama...[13]
          Está loco o ama...
                    O ama...
                              Ama...
Ama que ama, ¿a quién a ama Amnón?
          Cómo ama Amnón,
                    que loco se volvió.

AMNÓN

Este alacrán que por mi pecho mora[14]
me emponzoña hasta el aliento y nada sujeta ya las ansias que traigo.
Ni su ausencia apacigua este deseo, porque sé que duerme en la torre con azotea que observo desde mi ventana.
Y veo a aquella niña perfumada que huye de mi tacto y de mis juegos con solo abrir los ojos cada día.

VOCES

Así mi corazón de noche y día,
preso en la cárcel del amor oscura,
llora sin verte su melancolía[15].

AMNÓN

Yo no conozco el no ni lo tolero.
Y ella es un NO con pechos firmes.
Pero yo estoy embrujado y camino en círculos entre mis recuerdos de niño y sus trenzas.
          ¡No quiero jugar contigo!
                    ¡No me toques!
                              ¡No rompas mis flores!
Y todo en ella ha sido siempre no, no, no y lo sigue siendo...
Y yo no conozco el no ni lo tolero.

VOCES

Amnón está loco o ama...[16]
          Está loco o ama...
                    Está loco o ama...

---

[13] Verso de *La venganza de Tamar*, Tirso de Molina.

[14] Verso de "Llagas de amor" de *Sonetos del amor oscuro*, Federico García Lorca.

[15] Versos de "Soneto gongorino" de *Sonetos del amor oscuro*, Federico García Lorca.

[16] *Idem*.

Entra Jonadab.

JONADAB
Amigo...

AMNÓN
¿Qué quieres?

JONADAB
Tu padre está a las puertas de la ciudad. Todo el mundo sale a recibirlo. Esperará la presencia del primogénito.

AMNÓN
Me da igual, no iré. No deseo fiestas ni celebrar nada.

JONADAB
No puedes faltar. Todos tus hermanos están allí. Pero él espera a Amnón. Sería afrenta a tu padre...

AMNÓN
Sería afrenta a mí mismo.

JONADAB
¿Vas a regalar tu lugar a Absalón? Bello como una mujer e insidioso como una serpiente? O a Adonías, pusilánime y envidioso... ¡Eres el heredero!

AMNÓN
¡Me da igual!

JONADAB
Pues no debiera.

AMNÓN
Vete, déjame tranquilo. Solo. Como la fiera enjaulada que soy.

JONADAB
¿Qué tienes, Amnón?

AMNÓN
¡Deseo!

VOCES
Amnón está loco o ama...[17]

---

[17] Ver Verso de *La venganza de Tamar*, Tirso de Molina.

Está loco o ama...
Loco o ama...

AMNÓN
¿Lo escuchas? Resuenan...

JONADAB
¿El qué?

AMNÓN
Las voces.
Las voces que me llaman loco, enfermo, enajenado...
Coros de habladurías sobre el príncipe tarado para el que no hallan remedio. Y lo hay... Lo hay. Pero es tan sucio. Tan infame. Es una fuerza que me arrastra desbocada desde mi cintura al abismo.

VOCES
Amnón está loco o ama...[18]
Está loco o ama...
Loco o ama...

JONADAB
Si es eso, tiene remedio.

AMNÓN
No lo tiene.

JONADAB
No hay mujer en la tierra capaz de rechazar las siembra del primogénito.

AMNÓN
Ninguna salvo ella.

JONADAB
¿Acaso te ha rechazado?

AMNÓN
¡Tantas veces!
Desde niños.
Toda una vida de ingratitudes.
No quiero jugar contigo, no toques mis trenzas, no pises mis flores, no bebas mi agua no roces mi piel.

---

[18] *Idem.*

¡Que solo quiero jugar contigo!
Saltar a tu lado, muy cerca, cantando la canción de los hermanitos.
Notando tu aliento afrutado de tan cerca que estoy de tu rostro.
Que quiero trenzar tu pelo, con las flores que yo quiera.
Guirnaldas en nuestra cabezas para los reyes de Israel.
Que quiero lamer tu sangre cuando la tierra ingrata te arranque la piel contra el suelo y que llores de agradecimiento porque soy tu sanación.
Que quiero entrar en tu cuerpo y que sea mío y no pueda ser de nadie.

VOCES
Amnón está loco o ama...[19]
Está loco o...
Está loco...
Está loco...

AMNÓN
¡Es Thamar!
Que me abraso por mi hermana.

JONADAB
Pues tómala.

AMNÓN
¿Me has oído?
Es mi hermana.

JONADAB
Antes que pierdas la vida, pierda su honra Thamar[20].

AMNÓN
¿No me vas a llamar loco? Enfermo, desviado, hiena...

JONADAB
Eres hombre y deseas.

AMNÓN
Pero deseo a mi hermana...
Y el deseo nubla mi juicio.
No puedo comer, ni duermo. Tengo todo cuanto quiero. Pero no atiendo a nada que no sea esta tiranía.

---

19 *Idem.*

20 Verso de *La venganza de Tamar*, Tirso de Molina.

JONADAB
Y dejas lugar a la ambición de Absalón. Tu padre, David, es viejo. Y tú eres su heredero. Si muere y sigues penando, encerrado en estos jardines, como sombra de ti mismo, perderás el trono. Hasta el menos valioso de tus hermanos te quebrará con el chasquido de sus dedos. Tú eres Amnón, el primogénito.
Thamar no vale tu vida ni tu reino.

AMNÓN
Es un deseo contra la ley de Dios.

JONADAB
Dios perdona a los hombres.

AMNÓN
...

JONADAB
Escucha, Thamar espera a tu padre en las murallas. Ella hoy no estará recluida con las mujeres. Haz que venga a tus aposentos con cualquier excusa. Habrá luna llena, la luna de los amantes. Déjate guiar por ella.
El trono es tuyo, Amnón. No permitas que te lo arrebaten.
Nada vale el precio de un reino.
Ahora me voy. Guardaré sitio para el primogénito. Serás lo primero que vea tu padre al entrar por las puertas de la ciudad.

Sale.

VOCES
Amnón está loco o ama...[21]
Amnón no ama...
Y no está loco...
Que no está loco...
Ni ama.

AMNÓN
Corre que te pillo,
corre que te atrapo,
corre que lleno
la cara de barro[22].

---

[21] *Idem.*

[22] Fragmento del poema *Los reyes de la baraja* de Federico García Lorca.

ESCENA IV. VIOLACIÓN

Se oye de fondo un cantar quebrado, en una oscuridad solo quebrantada por la luna llena.

CORO
Violador enfurecido,
Amnón huye con su jaca.
Negros le dirigen flechas
en los muros y atalayas[23].

Amnón, desde su aposento, mira por la ventana hacia las azoteas del gineceo. Suena la puerta antes de abrirse. Es Thamar, con una bandeja entre las manos.

THAMAR
Con permiso.

AMNÓN
Querida hermana...

THAMAR
Padre me dijo que te trajera esto. Lo he guisado yo misma.

AMNÓN
Con tus manos.

THAMAR
Así me dijo padre que lo hiciera.

AMNÓN
Cuánto amor en tu gesto.

THAMAR
Solo he hecho lo que padre ha pedido.

Deja la bandeja y se dispone a salir.

AMNÓN
¡Espera!
Thamar lo mira en silencio.
¿Por qué tanta prisa?

---

[23] Fragmento de "El romance de Thamar y Amnón", *Romancero gitano*, Federico García Lorca.

THAMAR
Es tarde.
Apagaron todas las antorchas.
Solo la luz de la luna me guiará en el camino hacia mi torre.
Y no me gusta andar sola en la noche.

AMÓN
Solo aguarda un momento.
Quiero leerte un poema.
Debería ser un cantar, pero no he sido bendecido con una voz melodiosa como la tuya...
Quizá tú pudieras ponerle música...

THAMAR
No lo sé...

AMNÓN
Será solo un momento.
Y aplacará este tormento que me muerde el cuerpo.

THAMAR
Como ordenes.

AMNÓN
Dice así...
—De los manjares del mundo, ¿cuál es el que más te agrada?
—De los manjares del mundo, padre, una pollita asada.
Que Thamar me la guise, que Thamar me la traiga;
Que Thamar venga sola, que no venga acompañada;
con el ruido de la gente, me pongo peor que estaba[24].

THAMAR
¿Por eso querías que te trajera la cena?
Por razón de esta copla...

AMNÓN
Sí.

THAMAR
Pues tu capricho está cumplido.
Buenas noches.

Se dispone, de nuevo, a salir, pero Amnón le corta el paso.

---

[24] *Cancionero popular.*

AMNÓN
¿Sabes que desde mi ventana yo te veo cada noche?

THAMAR
No.

AMNÓN
Cada noche y cada día. Te veo hasta en mis sueños.

THAMAR
Deliras, Amnón.
Hay algo que te perturba y mi presencia no es remedio.

AMNÓN
Muy al contrario, hermanita.

THAMAR
Necesitas descanso.
Te dejo con tus pensamientos.

AMNÓN
¡No!

La sujeta con fuerza por el brazo y la lleva con violencia hasta la ventana, sin soltarla. Se coloca a su espalda, rozándola apenas con su cuerpo.

Que solo quiero enseñarte lo que veo desde mi ventana.
De mi ventana a tu azotea.
¿Ves la luna llena?

THAMAR
Ilumina la noche.

AMNÓN
Thamar estaba cantando
desnuda por la terraza.
Alrededor de sus pies,
cinco palomas heladas[25].

Trata de girarse, pero la fuerza de Amnón no se lo permite.

---

[25] Fragmento de "El romance de Thamar y Amnón", *Romancero gitano*, Federico García Lorca.

THAMAR
¡Qué vergüenza, Amnón!
¡Deliras!

CORO
Amnón, delgado y concreto,
en la torre la miraba,
llenas las ingles de espuma
y oscilaciones la barba[26].

THAMAR
¡Déjame marchar, hermano!
Déjame, por Dios...

AMNÓN
Tu desnudo iluminado
se tendía en la terraza,
con un rumor entre dientes
de flecha recién clavada[27].

THAMAR
¡Qué vergüenza tus palabras!
Has perdido el juicio y el honor.
¿Qué quieres?
¡Quita!
¿Qué quieres? Si grito vendrán los guardas de tu padre que es el mío...
Déjame salir, que nada ha pasado más allá de la confusión de un corazón atormentado.

VOCES
Amón estaba mirando
la luna redonda y baja,
y vio en la luna los pechos
durísimos de su hermana[28].

Amnón atrapa los pechos de Thamar con furia. Thamar trata de escapar, pero él impide, con violencia, la huida.

THAMAR
¡No!

---

[26] Fragmento de "El romance de Thamar y Amnón", *Romancero gitano*, Federico García Lorca.

[27] *Idem.*

[28] *Idem.*

AMNÓN
¡Entérate!
Que yo no conozco el no, ni lo tolero...
Y tú siempre has sido un NO con pechos firmes.

THAMAR
Déjame Amnón, por Dios...
Aplaca la fiebre de tus ojos,
que soy hija de tu padre y soy tu hermana

AMNÓN
No soy hermana tuya, que lo soy de Absalón.
¿Recuerdas?

THAMAR
¡No!

AMNÓN
Thamar, bórrame los ojos
con tu fija madrugada.
Mis hilos de sangre tejen
volantes sobre tu falda[29].

THAMAR
Déjame tranquila, hermano.
Son tus besos en mi espalda
avispas y vientecillos
en doble enjambre de flautas[30].

AMNÓN
Thamar, en tus pechos altos
hay dos peces que me llaman,
y en las yemas de tus dedos
rumor de rosa encerrada[31].

Amón rasga la túnica de Thamar y se abalanza sobre ella. Sobre el llanto de Thamar y la furia de Amón se escucha un coro de voces que relatan el martirio de Thamar.

---

29 *Idem.*

30 *Idem.*

31 *Idem.*

CORO
¡Oh, qué gritos se sentían
por encima de las casas!
Qué espesura de puñales
y túnicas desgarradas.
Alrededor de Thamar
gritan vírgenes gitanas
y otras recogen las gotas
de su flor martirizada.
Paños blancos enrojecen
en las alcobas cerradas.
Rumores de tibia aurora
pámpanos y peces cambian[32].

---

32 *Idem.*

ESCENA V. EL REY

Thamar ruge y un coro de plañideras le regalan sus llantos, reconociéndose en el dolor de la joven. Los quejidos de las mujeres se confunden con los gritos de Thamar, entretejidos con los cantos.

VOCES

El pícaro de Amnón se enamoró de su hermana[33].
Desque gozarla no pudo se fingió malito en cama

Amnón el doliente.
Amnón el que finge.
Amnón el que le pide a su padre,
el rey,

que Thamar lo venga a ver.

VOZ DEL REY DAVID

¿Qué tienes tú, hijo, Amnón?
Hijo mío y de mi alma.

VOZ DE AMNÓN

Yo solo quiero una cosa: que Thamar me venga a ver.

Resuenan de nuevo los gritos de Thamar acompañados de los lamentos de las mujeres. Llega los pies del castillo del rey, con la túnica rasgada y ceniza en los cabellos. De entre sus piernas resbalan hilos de sangre.

THAMAR

Aquí estoy, oh rey David. El rey justo entre los justos.
¡Padre! ¡Padre!
Hija tuya soy y de Makáa. Hermana de Absalón y princesa de Israel.
Soy de tu estirpe, aunque mujer.
¡Padre! ¡Padre!
Como súbdita y como hija reclamo tu presencia.

VOCES

¡David! ¡David!
¿Dónde estás, oh buen rey, justo entre los justos?
¡David!
Rey y padre de Thamar.

---

[33] *Cancionero popular.*

Silencio.

THAMAR
Aquí estoy, oh, padre, para que conozcas mi desventura.
Y la desgracia que tu primogénito ha arrojado sobre tu familia.
Silencio
¿No hay respuesta, rey, mi padre?
¿No hay respuesta?

VOCES
¡David! ¡David!
¿Dónde estás, oh buen rey, justo entre los justos?

THAMAR
¿Dónde estás, padre?
Acaso te escondes...
¿Es que no quieres conocer las traiciones de tu primogénito a la sangre y a la ley de Dios?
¿No vas a escuchar a tu hija?

VOCES
¡David!
¿Dónde estás, David?
Rey y padre de Thamar.

THAMAR
Me mandaste cocinar un guiso y llevárselo a tu hijo Amnón, mi hermano, porque estaba enfermo de melancolías.

VOCES
> *El pícaro de Amnón se enamoró de su hermana*[34].
> *Desque gozarla no pudo se fingió malito en cama.*

THAMAR
Yo guisé un capón, como hija obediente.
Como hermana.
Como mujer que cumple con la obligación de su familia.
No me pregunté nada ni tú tampoco lo hiciste.
Llevé el guiso con mis manos,
aunque el capricho de mi hermano quebrantaba tus normas.
Porque las mujeres no andan solas bajo la luz de la luna.

---

[34] *Idem.*

VOZ DEL REY DAVID
¿Qué tienes tú hijo, Amnón[35]*?*
Hijo mío y de mi alma.

VOZ DE AMNÓN
Yo solo quiero una cosa: que Thamar me venga a ver.

THAMAR
Y luego Amnón me violó.
Y violó también tu casa y tu trono y la justicia.
Y la ley de Dios.
Y la de los hombres.
Y las leyes naturales y las de la misma decencia.
Y yo te pido justicia,
y me regalas silencio.
¿No eres tú el rey David? El rey justo entre los justos.
El ungido por Yahvé entre sus hermanos,
por su prudencia y su buen parecer.
No por primogénito, sino por prudente y por pastor. Por humilde y por sensato.
Y ahora te escondes de tu hija...

VOCES
De Thamar.
Tu hija nacida una noche de luna llena y presagios inciertos.

THAMAR
Soy Thamar, tu hija, y vengo a pedirte justicia porque tu hijo Amnón me ha llevado a sus aposentos con engaños y con tu complicidad. Y allí, en condiciones desiguales, me ha mancillado.
Fui porque me lo mandaste tú.
Fui sola porque tú lo dispusiste.
Fui porque él te lo pidió y tú solo cumpliste sus antojos.
Solo soy una mujer. Pero tengo derecho a que me hagas justicia porque serás cómplice dos veces si proteges a Amnón.

VOCES
¡David! ¡David!
¿Dónde estás, oh buen rey, justo entre los justos?
¡David!
Rey y padre de Thamar.

El rey David persiste en el silencio.

---

[35] Verso de *La venganza de Tamar*, Tirso de Molina.

THAMAR
Mi padre ya no es un padre.
Es solo un silencio.
Y me obliga a mí, una mujer,
porque ahora soy mujer por encima de hija,
a buscar sola la justicia.
Una justicia que siempre ha sido negada a las mujeres porque solo podíamos ser
un silencio al lado de los hombres.
Pero ahora el rey, mi padre, es silencio.
Y yo soy la justicia.

ESCENA VI. LA MALDICIÓN

VOZ PRIMERA
Cuenta la leyenda que David, siendo ya rey de Judá y caudillo de las tribus de Israel, vio desde su azotea...

VOZ SEGUNDA (CONTRAVOZ)
Desde su azotea...
Desde arriba, como un rey.

VOZ PRIMERA
Vio desde su azotea a una mujer.
Y se enamoró de su belleza.
Y la belleza de la mujer le nubló el entendimiento.
Y se olvidó de todo: de la guerra, de las tribus, de su trono y del poder.

VOZ SEGUNDA (CONTRAVOZ)
¿Del poder?
No, del poder no...
No se olvidó del poder.
Simplemente empleó las estrategias que utilizaba para conquistar tierras en la conquista de Betsabé.

VOZ PRIMERA
David amaba ardientemente a Betsabé. Y nada más tenía en cuenta el rey que la voluntad de su cintura. Pero ella estaba casada con Urías, un soldado hitita que luchaba fielmente a las órdenes de David.

VOZ SEGUNDA (CONTRAVOZ)
¿Y qué importa un soldado al lado de la voluntad del rey?

VOZ PRIMERA
David amó fieramente a Betsabé y esa furia engendró una criatura. Pero Urías estaba en el frente y Betsabé, embarazada. Y las mujeres adúlteras eran condenadas a muerte según el código de Israel.

VOZ SEGUNDA (CONTRAVOZ)
Las mujeres y solo las mujeres.
No por adúlteras, sino por mujeres.

VOZ PRIMERA
David no podía dejar morir a Betsabé. Y quebrantó sus propias leyes. Las suyas y las de Dios. Por amor.

VOZ SEGUNDA (CONTRAVOZ)
Con sorna Amor, amor...
Amor a sí mismo. A sus instintos, a su apetencia.
Un rey por encima de su propia ley.
De la ley que encadenaba a las mujeres.

VOZ PRIMERA
David envió a Urías al lugar más difícil de la batalla, al más peligroso. Con la intención de que el soldado pereciera. Y así ocurrió. Betsabé quedó viuda y David pudo desposarla.

VOZ SEGUNDA (CONTRAVOZ)
Todo el poder sobre la vida y la muerte.

VOZ PRIMERA
Pero David fue castigado.
¡Castigado por Dios!

Aparece el rey David.

DAVID
Sobre mi herencia cayó una maldición.
El amado hijo que Betsabé guardaba en su vientre moriría tras nacer.
Y la tranquilidad desaparecería de mi vida y de la de mi familia.
"Solo conocerás zozobra y desasosiego" -dijo el profeta.
Esa maldición ha llegado hasta mi hijo Amnón.
¿Y qué hago ahora?
¿Debo castigarlo por mis faltas?
Por la mala raza que yo mismo he propagado, como escarmiento de mis pecados.
¿Qué ha hecho Amnón que yo no hiciera?
El amor se enreda aquí abajo y ya no atiendes ni a la ley, ni a Dios ni a la sangre.
Yo pedí perdón a Dios.
Y me perdonó, pero me impuso una condena.
Una maldición que arrastro.
Y que Amnón arrastrará por estar vivo.
Mi hija pide justicia. Pero su hermano ya estaba condenado por la herencia de su estirpe.
Qué justicia reclama si ya está ajusticiado desde el inicio
solo por ser yo su padre.
Como ella.
Como todos mis hijos.
Y siendo así la voluntad de Yahvé,

cualquier falta que perpetren mis hijos, cualquier infamia, cualquier crimen,
es perdonado, puesto que arrastran la pena impuesta sin necesidad de cometer el fallo.
Esa es la maldición.
Y así queda zanjado el pleito.

Sale Thamar antes de que David desaparezca

THAMAR
¿Esa es tu palabra, padre?

DAVID
Mi palabra ya está dicha.

THAMAR
Dejas pues, al homicida, sin castigo.

DAVID
Calla, Thamar, que tu hermano es; no pongas a tu corazón en este hecho[36]...

THAMAR
Yo su hermana soy también.
Y eso no impidió mi martirio.

DAVID
Debes perdonar y obedecer.

THAMAR
No puedo perdonar si no hay justicia.

DAVID
Es tu obligación y mi dictamen.

THAMAR
Si no resarces el mal, no habrá palabra tuya a la que yo me deba.

DAVID
¿Es que no entiendes, Thamar, que no es culpable?
Es una enfermedad que lo devora.

THAMAR
¿Soy yo culpable, padre?

---

[36] Verso de *La venganza de Tamar*, Tirso de Molina.

DAVID
Tampoco.

THAMAR
¿Entonces?

DAVID
Tu dolor es una losa en mi conciencia. Viviré con él hasta el final de mis días.

David sale dejando a Thamar de nuevo sola ante la afrenta.

THAMAR
Ahora que David, que es rey y padre, renuncia a su obligación, soy libre.
Pero esa libertad pesa en el alma.
Siempre estuve atada a la obediencia. A la dulzura, a la aprobación.
A la palabra del padre-rey.
Pero dada la sentencia ya no quedan más palabras.
Y me arde el interior porque despierto.
Y veo ya la vida sin adornos.
Cuando mi hermano quebró mi honra que quitó el velo de la cara.
Y cuando mi padre amparó al criminal, nació en mí una nueva mirada.
Y ahora nos veo a todas.
Porque no soy más que un símbolo.
Un comienzo.
Una metáfora palpitante de mí misma y las demás.
Desnuda.
Expuesta.
Desterrada.
Porque el incesto es un destierro que te coloca en la familia como alguien que ya no pertenece.
La no hija, la no hermana.

Y ahora escucho la voz de las mujeres.
De todas.
Que resuenan aquí dentro, tan adentro.
Y no soy más que el lugar por el que sus voces manan
después de desanudarse las gargantas.

Y cierro los ojos y veo a la niña a la que su padre entregó en matrimonio. Solo tiene nueve años. Y él cuarenta y tres. Y está noche mancillará su cuerpo y silenciará su voz. Tapará su boca y la romperá por dentro y ni queriendo gritar podrá volver a hacerlo.

Y veo a la niña de trece años que conoce por primera vez al padre. Es atento y amoroso. Le regala palabras bonitas y la llena de un amor desconocido hasta entonces. Y cuando ello lo ama, cuando confía, él se convierte en un monstruo. Y ella quiere equivocarse.

Thamar se transforma en esa joven. Las voces de las otras mujeres y de Thamar se entremezclarán en el discurso sin un orden preciso.

No, no, lo estoy malinterpretando.
Es normal... Es lo normal...
Lo único que sucede es que hasta ahora nunca he tenido padre.
Y por eso me parece raro, pero es normal...

Pero no es normal, porque nunca lo es.
Estamos tan acostumbradas a desconfiar de nosotras que nos tragamos el instinto y nos ponemos rígidas. Y mudas. Como si sirviera para algo.
Yo no me puse rígida.
No me paralicé.
Grité. Golpeé.
¡Yo sí! A mí me paralizó el miedo. No entendía lo que pasaba.
Yo tenía mucho sueño. No me di cuenta de casi nada, porque estaba como dormida. Luego me dolía mucho aquí. Y por dentro.
¡Yo grité! ¡Grité muy fuerte! Pero dio lo mismo porque no había nadie más.
Yo lo intenté. Intenté escapar. Lo empujé, le clavé las uñas. Pero me dio un puñetazo en la cara, entre los ojos. Y dejé de ver. La cabeza me zumbaba. Y entendí que podía matarme. Entonces me quedé quieta hasta que terminó. No sé si fue mucho o poco tiempo porque mi conciencia y mi cuerpo se desligaron.
Yo no entendía qué pasaba. No, no, no... No podía ser. Él no. No, imposible. Él me quiere, nunca me haría daño, ¿no? ¿O sí?
A mí nunca me tocó. Ni una sola vez. Ni un rasguño. Nada de sangre. Pero con una mirada bastaba para que yo cerrara la boca o abriera las piernas.
A mí me sujetó por el cuello. Empujaba con furia. Yo no podía respirar. Dejé de notar el dolor que me abrasaba por dentro porque estaba intentando coger aire, pero sus manos tenían mucha fuerza. Creo que me agitaba mucho, violentamente. Empecé a desvanecerme mientras él seguía empujando. Después, me morí. Y ya nada me dolió ni eché a faltar el aire.
A mí me forzó mi hermano, me sometió con violencia. De mis piernas manaron hilos de sangre.
Con la sangre comenzó el destierro.
¿Cuándo?
¿Cuándo se acabará esta soledad?
Ahora soy yo la que vagará infinita por el desierto.

Una voz interrumpe a Thamar. Es como un susurro ajeno. Un viento fresco.

ABSALÓN
Thamar, no estás sola. Estoy aquí...

Thamar busca la voz con su mirada.

ABSALÓN
Thamar, yo te haré justicia.
Thamar...

THAMAR
¿Absalón?

ABSALÓN
Estoy contigo, Thamar, a tu lado. Juntos haremos justicia.

THAMAR
Absalón...

Thamar desaparece en busca de la voz de Absalón. En escena solo quedan los ecos.

ESCENA VII. EL DESTIERRO

Se oye, como un eco en el silencio, la voz de Absalón. Thamar se encamina hacia las palabras que pronuncian su nombre. Ambos se encuentran en el vacío en el que ahora habita Thamar.

ABSALÓN
Thamar...

THAMAR
Absalón...

ABSALÓN
Hermana...

Thamar y Absalón se encuentran.

THAMAR
No me pude defender.
¡Lo intenté!
Lo intenté.
Con fuerza...
Zafarme de sus manos, huir de sus caderas.
Pero el peso de su furia me cubría.
Y el dolor y la sangre parecían infinitos.
No me pude defender.

ABSALÓN
Calma, hermana, tu aflicción.
No es tu culpa.

THAMAR
Pero padre protege al violador...

ABSALÓN
Es el furor de los hombres.

THAMAR
Me ha abandonado al exilio,
me ha procurado el destierro.

ABSALÓN
No hay exilio.
Yo te llevaré conmigo.
No estás sola.

THAMAR
Ha creído al criminal.
¿Hay peor soledad que esa?

ABSALÓN
El padre ha creído al hermano, porque es hombre como él.

THAMAR
Ya no soy ni hija, soy mujer.
Ese es el destierro.

ABSALÓN
Vendrás conmigo y sanarás del dolor.
Sanará con el tiempo.
Y con el campo.
Y con la tranquilidad de una vida sencilla.
Estarás al resguardo
de todo.
De mi corazón al tuyo.

THAMAR
No hay herida que sane sin tratarla.
Ni afrenta perdonada sin el rigor de la justicia.
Amnón utilizó su fuerza para quebrar mi voluntad y mi inocencia.
Y ahora me acusa de hechicera.
Y padre lo protege.
No hay techo ni campo ni paz
posible para la afrenta de ambos.

ABSALÓN
Padre está cegado por el amor.

THAMAR
Y el amor al culpable
me envilece a mí.

ABSALÓN
Olvida a padre.
Olvida todo.
Ven conmigo.
Nada más.

THAMAR
Si yo me voy contigo, me desvanezco.
Me desvanezco de la familia,
me desvanezco de la historia.

Me convierto en un cuento sin enseñanza.
En una conseja que será humo en la conciencia colectiva.
En una más.
En la primera de muchas.
En un número sin rostro.
¿No me entiendes, hermano?

ABSALÓN
...

THAMAR
No entiendes que sobrevivir sin más justicia que la del paso del tiempo, puede ser una pretensión engañosa
porque legitima el crimen.
Y mi reclusión silenciosa
satisface sus anhelos
y zanja todo como está.
Mañana volverán a violar,
volverán a atentar contra la vida,
a sucumbir a sus caprichos,
a traspasar la ley de Dios y la de los hombres,
porque la de las mujeres ni siquiera existe.
Son los elegidos de Yahvé,
el rey ungido y su primogénito.
Y con eso basta para ofenderlo todo.
¿No te das cuenta?
Si no hay ahora justicia
la infamia lo cubrirá todo.

ABSALÓN
¿Qué quieres, entonces, Thamar?

THAMAR
Retirarme al calor de tu casa.
Y convertir la herida en el camino que ha de borrar los hilos de sangre.
Que crean los criminales que mi silencio
es obediencia.
No lo es.
Pero déjalos que lo crean.

ABSALÓN
¡Déjalos que lo crean!

THAMAR
Entre las cuatro paredes tejeré la justicia.
Yo misma, con mis manos.

Las que no pudieron protegerme del hermano infame,
ahora trabajarán incansables por la restitución de lo perdido.
Colocaré cada parte
donde corresponda, con el pretexto del silencio.
Renaceré del destierro.
Por mí. Por todas.

ABSALÓN
No lo harás sola, Thamar. Yo estaré a tu lado.
Contigo.

THAMAR
Eres hombre.

ABSALÓN
Soy hermano.
Hijo y nieto de rey.
De un rey viejo con la conciencia nublada
que prefirió, a sabiendas, el engaño.
No es el padre que mereces,
ni el que merezco yo,
ni el rey que merecen las tribus.
Ni los hombres ni las mujeres.
No estás sola, Thamar.
Estoy contigo.
A tu lado.
Y juntos romperemos el silencio.
Construiremos, juntos, la justicia.

ESCENA VIII. SACRIFICIO

Absalón ante una mesa, con dos copas de vino. Entra Amnón. Es el reencuentro de los hermanos. Absalón, bello e impávido, recibe el abrazo del hermano perdido.

AMNÓN
¡Querido hermano!

ABSALÓN
Bienvenido.

AMNÓN
El rey te envía saludos. Hace demasiado tiempo que no nos honra tu presencia.

ABSALÓN
He necesitado pensar.

AMNÓN
¿Pensar?

ABSALÓN
Sí. Reflexionar.
En silencio.

AMNÓN
Fuiste siempre más amigo de armas que de pensamientos.
Al contrario que yo.

ABSALÓN
Solo en apariencia.

AMNÓN
¿Qué quieres decir?

ABSALÓN
Brindemos por este día.

Amnón coge la copa que le ofrece su hermano.

AMNÓN
Brindemos.
Por el reencuentro...

ABSALÓN
Por el fin del silencio.

AMNÓN
No te entiendo.

ABSALÓN
El silencio nos ha separado.
Tiempo en silencio.
O de silencio.
O la apariencia de silencio
que son, en realidad, las voces calladas.
Gargantas que graznan incapaces de pronunciar palabras.
Sollozos más que voces son las que nos han conducido a este silencio.

AMNÓN
Tal vez no debí venir.
Padre me desaconsejó venir.
¿Por qué descubrir la herida?

ABSALÓN
¿Qué herida?

AMNÓN
La que se zanjó en silencio.
Como padre ordenó.
Como debía ser.
Como va a seguir siendo.

ABSALÓN
Mi hermana no permaneció callada.
Te acusó.
Gritó tu nombre mientras la sangre caía de entre sus muslos.
La vieron dando voces por las calles con los cabellos enmarañados,
con la túnica rasgada.
Perseguida por la sangre.
Los criados,
las vecinas,
todo el que quiso escuchar

VOCES
Violador enfurecido,
Amón huye con su jaca.

Negros le dirigen flechas
en los muros y atalayas[37].

ABSALÓN
La sangre brotando de su flor martirizada.
La sangre ofendida por tu traición.
Mi sangre y la de mi hermana.
Y la de toda la estirpe mancillada
cuando escupiste en la herencia de quienes somos.

AMNÓN
¡Me voy!

Absalón le corta el paso

ABSALÓN
¡No!
Hoy es día de purificación.
De curar tus acciones.
La traición del rey padre, que dio la espalda a su hija, en favor de un hijo infiel...

AMNÓN
¡No fue traición!

ABSALÓN
¿Pues qué fue?

AMNÓN
Fue deseo.

ABSALÓN
¿Deseo por tu propia hermana?

AMNÓN
Un deseo sin medida.
Sin razón.
Como un caballo desbocado.
Como un millar de caballos tirándome de las ingles.
¿Es que, como hombre, no lo entiendes?

VOCES
Amnón está loco o ama...[38]

---

[37] Fragmento del romance de Thamar y Amnón, *Romancero gitano*, Federico García Lorca.

[38] Verso de *La venganza de Tamar*, Tirso de Molina.

Está loco o ama...
O ama...

AMNÓN
¡No! Otra vez no...
Las voces.
¿Acaso no las escuchas?

ABSALÓN
No intentes hacerte el loco.

AMNÓN
No simulo,
están aquí.
Tan claras como tus palabras.
Amnón está loco o ama...

VOCES
Amnón está loco o ama...[39]
Ama que ama, ¿a quién a ama Amnón?
Cómo ama Amnón,
que loco se volvió

ABSALÓN
Amnón no está loco,
ni ama

AMNÓN
¡Eso dicen las voces!

ABSALÓN
No hay más voces que la tuya y la mía.

AMNÓN
¿Qué me has echado en el vino?

ABSALÓN
¡Nada!

AMNÓN
¡Mientes!
Como ella, que primero me embrujó y después me infamó con sus palabras...

---

39 *Idem.*

ABSALÓN
¿Te embrujó?
¿Cómo?
¿Cuáles fueron sus ardides de hechicera?

AMNÓN
Me cegó con sus formas redondas como de luna llena,
con sus paseos silentes e inalcanzables,
con sus canciones y su voz queda...

ABSALÓN
Te embrujaste a ti mismo con tus apetitos,
con tu endiosamiento de primogénito consentido.

VOCES
Amnón está loco o ama[40]*...*

AMNÓN
¿Qué le has echado a este vino, que vuelven las voces?
¿Por qué me has traído aquí?
Debe ser la mala sangre de vuestra madre la que hace que todo dé vueltas...
Tú y ella,
que no sabéis crear más que insania.
Es el vino...

VOCES
Violador enfurecido,
Amón huye con su jaca.
Negros le dirigen flechas
en los muros y atalayas[41]*.*

ABSALÓN
No hay nada en el vino. ¡Mira!

Absalón coge la copa de la que ha bebido Amnón y bebe.

AMNÓN
Yo solo oigo las voces, como antes de...

---

40 *Idem.*

41 Fragmento del romance de Thamar y Amnón, *Romancero gitano*, Federico García Lorca.

ABSALÓN
Pues debe ser tu conciencia.

AMNÓN
¿Qué quieres de mí?
¿Qué quieres?

ABSALÓN
Solo una cosa...

Aparece Thamar.

THAMAR
¡Justicia!

AMNÓN
¿Qué haces aquí?
Acaso no eres ya humo, silencio, olvido...
¿Por qué no estás muerta?
Bajo la tierra y el olvido.
Si el padre rey me perdona,
y los hombres me consienten,
tú no eres más que la memoria de algo que ni siquiera fue...

THAMAR
Me condenasteis al olvido vosotros.
A ser el humo que se desvanece con el viento.
Me impusisteis el silencio y el perdón.
Pero no podía perdonarte porque nunca asumiste el pecado.
Me lo arrojaste a mí.
Y yo me convertí en culpable de algo que no hice
porque lo hiciste tú.
De un daño que hiciste tú.
Yo no.

AMNÓN
Me ha perdonado el rey y me ha perdonado Dios.
El resto es silencio y humo.

Amnón busca la salida, pero Absalón lo retiene. Lo sujeta con fuerza. Amnón se retuerce intentando zafarse de los brazos de su hermano, pero no puede.

AMNÓN
¡Te ordeno que me sueltes!

THAMAR
Amnón, hijo del rey David.
Heredero del trono de Israel.
Hermano infame.
Violador.
Que Yahvé se apiade de ti.
Los hombres se apiadaron tanto que sentiste que eras Dios.
De mi interior brotaron hilos de sangre.
Ahora manará la sangre de tu cuerpo como un río.

Thamar saca una daga y rasga la garganta de Amnón. Su cuerpo, inerte, cae.

ESCENA IX. JUSTICIA

El cuerpo de Amnón yace en el suelo. Un manto de sangre cubre la tierra. Thamar deja caer la daga del sacrificio.

THAMAR

Soy Thamar, princesa de Israel.
Hija de David y de Makáa.
Hermana de Absalón.
Me parió mi madre una noche de presagios inciertos.
Mi padre me alzó en brazos, arrebatada de los pechos vacíos de mi madre y me miró bajo la luz de la luna.
Se llamará Thamar.
Será dulce como los frutos de las palmeras. Y acogedora, como la sombra del oasis.

Thamar, la hija de David y de Makáa,
la hija de un rey y de un silencio,
la hermana de Amnón, y de Abasalón y de Adonías y de Salomón,
murió, en cierta forma, la noche en la que Amnón me violó.
Y cuando mi padre ordenó silencio sobre la ofensa, desaparecí de la memoria colectiva.
Hoy he renacido.
Renazco de la sangre del criminal, que es, a la vez, mi propia sangre.
¡Soy Thamar!
Libre de la estirpe y del peso de la historia.
Sin herencia ni apellidos.
Solo Thamar.
Broto de la sangre, derramada como sacrificio a la diosa Justicia.

Me reconozco como la primera de una estirpe de condenadas que se desvanecieron en silencio.
Enterradas bajo el peso de la desmemoria de los hombres.
Pero ya no habrá más silencio.
Porque recojo mis hilos de sangre y la sangre de las otras Thamares y tejo con ellos una urdimbre de voces que configurarán, a partir de ahora y para siempre, la historia de las mujeres.

No creo ya en reinos ni en estados.
Porque ninguno hasta hoy nos ha hecho justicia.
Cuando mi hermano me violó,
me arrancaron la condición de hija y la condición de hermana.
¿Cómo esperan justicia el resto de las mujeres?
¿Cómo? Si de nosotras solo se quiere el...

VOCES
Silencio...
Silencio...
Silencio...

THAMAR
Me obligaron a callar por sentencia.

VOCES
Calla, Thamar, que te calles.
Calla.
Que te calles.
Calla.
No digas más.

THAMAR
Y a perdonar.

VOZ DEL REY DAVID
Perdona, Thamar, perdona
Perdona, que es tu hermano.

THAMAR
Yo era solo un comienzo.
Y después vinimos todas.
Porque todas atravesamos el mismo destino.
Porque la historia de los hombres se construye sobre la sangre de las mujeres.
Porque la historia de los reyes se construye con la violencia de los hombres contra otros hombres y contra todas las mujeres.

Yo era solo un comienzo
y a mi alrededor se arremolinaron todas las voces.
Yo era solo una, pero vinieron más voces...
Y otra y otra y más voces y otra y otra y muchas más.
Y tejimos y tejimos.
Y con trozos de palabras y jirones de historias incompletas pudimos reconstruirnos.
Cosiendo un trozo de voz a un quejido, una palabra a un lamento, una mirada a un susurro...

Y había tantas Thamares, como yo, sin reparar.
Thamares, Lucrecias, Cristinas, Claudias, Afsanas, Isabeles, Ranias, Saras, Lupes, Nikas, Evas, Amnas...

VOCES
Calla, Thamar, que te calles.
Calla.
Que te calles.
Calla.

THAMAR
Y siempre estaba el silencio.
El silencio y la vergüenza.
Vergüenza de lo que ellos habían derramado en nuestra carne.
Un dolor físico palpitante.
Un dolor interior mayor que la herida.
Un dolor colectivo que era sepulcro de nosotras mismas.

VOCES
Calla, Thamar, que te calles.

THAMAR
¡No me callo!
Ya no me callo más.
Hoy se ha quebrado el silencio.
Yo he quebrado el silencio.
El mío y el de todas nosotras.
Y he recolocado la culpa en su lugar.
Hoy, tras el sacrificio, yo, Thamar,
ni princesa ni hija, ni esposa ni hermana,
comienzo a escribir una nueva historia de las mujeres.
Una historia contada por nosotras con nuestra propia voz.
Y es una voz clara y limpia.
Una voz que nace de una conciencia colectiva liberada.
Soy ahora Thamar, ni hija ni hermana, sino libertadora.
Y a partir de hoy...

Amnón, durante el discurso de Thamar, ha recobrado la vida. Y entre las sombras, reaparece. La sangre de su garganta no le impide hablar. Su voz de primogénito se alza por encima de la misma muerte.

AMNÓN
A partir de hoy, nada.

Thamar se gira. Amnón persiste, pese a la herida de muerte, en el silenciamiento de su hermana.

AMNÓN
A partir de hoy, nada.
Ya me has matado, y no ha sucedido nada.
El mundo gira sobre los mismos ejes.

THAMAR
Los ejes han cambiado, como la culpa y la vergüenza.
Ya no nos pertenecen, son vuestras.

AMNÓN
Eres una necia.
Matarme no cambia nada.
La herencia de los hombres está construida sobre el deseo.
Puedes matarme a mí, pero eso no significa nada.
Mi padre me perdonó porque él también fue esclavo de su capricho.
Como lo son todos.
Como lo seguirán siendo.
Ninguno está libre de la tiranía y a la vez todos lo estamos,
porque es la naturaleza la que grita a través de las caderas.
Cuando el amor nos atrapa, no hay muro que no podamos traspasar.

THAMAR
No es amor.
Tú no amas, tú te apoderas.
Ofendes...

AMNÓN
No entiendes nada.
Eres tú quien causa tu ofensa, no yo.
Solo hacía falta un sí...
La historia sería otra.
El ultraje no existiría.
Un sí.
Solo un sí.
Tu vida, la mía...
Un sí.
Pero siempre fuiste un no.
Fuiste un no, desde pequeña.

THAMAR
¿Y qué si lo fui?
Nada disculpa tus acciones.
Ni las del padre incestuoso, ni las del falso amigo que tras la sonrisa esconde la insidia...

AMNÓN
Abandona ya los sollozos y las palabras.
Solo me has matado a mí.
Pero a nadie más alcanza tu venganza que a mi propia persona y a nuestra familia.

El mundo, los bornes, los hombres y las mujeres son y serán los mismos.

Aparece Absalón, entra como hermano y se transforma en otra Thamar o en el espejo de la Thamar primera. O en nada porque ha conseguido desembarazarse de la prisión mítica y es solo la alegoría de un presente sin tiempo concreto.

ABSALÓN
Ya nada será lo mismo,
porque cada vez caminaremos desde un lugar nuevo.
No pueden igualarse los que carecen de memoria y los conscientes.
El pasado se construyó sobre mordazas.
Ahora ya no quedan.
Thamar las ha deshecho.
Las palabras son bandadas que revolotean y llegan lejos, hasta todos los oídos.
Se han quebrado los silencios.
Nada puede ser lo mismo.
Dirigiéndose a Thamar
El sacrificio no contendrá la infamia.
La infamia volverá.
Se repetirá.
En todo lugar y tiempo.

THAMAR
Pero ya no seremos las mismas.

Absalón ha abandonado ya sus atributos de varón y se ha convertido, definitivamente, en otra Thamar.

ABSALÓN
No, ya no seremos las mismas.
Porque ahora tendremos la conciencia y la compañía.

THAMAR
La conciencia para construir el trayecto a partir de nuestra historia.
Seremos báculo para otras mujeres. Y a su vez ellas serán refugio para nosotras.

ABSALÓN
Y se unirán también los hombres.
Algunos al menos.
Despertando a una percepción humana y común.

AMNÓN
Eres hombre, Absalón...
Hombre, y esclavo de tu cintura...
¿O tú qué eres?

Thamar se estremece al escuchar a Amnón, que no es ya más que parodia de sí mismo

ABSALÓN
No lo escuches, Thamar, no lo atiendas.
Que sus quejas se hundan en la tierra.
Que chapotee en su sangre como un sapo en la charca.
Ninguna de sus palabras volverá a restaurar su estado.
Ya de él no queda nada.
Nada permanece.
Nada más que tú, Thamar, que has roto los lazos.
Hiciste justicia.
La que te negaron los hombres.
Y renaciste del silencio.

Thamar se adelanta y deja atrás a Amnón en su charco de sangre. Y a Absalón, que será definitivamente otra Thamar, coro de la Thamar primera.

THAMAR
Ahora solo estoy yo...

ABSALÓN
Solo estoy yo...

THAMAR
Thamar.

ABSALÓN
Thamar...

THAMAR
Sin lazos ni apellidos...

ABSALÓN
Sin apellidos...

THAMAR
He restaurado una justicia imperfecta...

ABSALÓN
La justicia imperfecta...

THAMAR
Y aunque la infamia vuelva...

ABSALÓN
Cuando la infamia vuelva...

THAMAR
No volveré a ser la misma

ABSALÓN
Nunca más seré la misma...

THAMAR
Ni ninguna de nosotras.
Porque no caminaré sola...

ABSALÓN
No caminaré sola.

THAMAR
Ni en silencio...

ABSALÓN
Nunca sola ni en silencio...

THAMAR
Caminaremos juntas, tú y yo, y el resto de las mujeres.

Agradecimientos
A Alfonso, por su prólogo y por sus lecturas de este y el resto de mis textos, mientras camino, impaciente, por nuestra casa
A Mariano, por entender *Odesa* y por escribir un prólogo que me emociona
A Félix, por pensar en mí para la escritura de *Hilos de sangre* y abrirme la puerta a participar en un proyecto apasionante
A Sara y Nacho, por una confianza casi ciega desde el primer segundo
A Julia, por acompañarme siempre, incluso cuando no comparte mis aficiones

Esmeralda Gómez

Profesora de Lengua y Literatura en el CPI Rosales del Canal (Zaragoza). Profesora Asociada de la Universidad de Zaragoza en el Departamento de Literatura (curso 2021-22). Licenciada en Filología Hispánica y Graduada en Interpretación. Máster Oficial de Lingüística Aplicada a EL/E, cuyo TFM versa sobre la "Aplicación de las Técnicas Teatrales a la Enseñanza de Español". Cursos de Doctorado sobre Fiesta Parateatral en el Teatro del Siglo de Oro, Teatro y Vanguardia española, Mujer y Literatura en el Siglo de Oro, entre otros.

Su andadura en el teatro comienza en su etapa universitaria, tras la cual estudia Interpretación en Zaragoza. Recibe una beca del Proyecto Europeo Thierry Salmon en el verano de 2003 y trabaja con el director canadiense Dennis Marlaud. Recorre distintos caminos teatrales como actriz, animadora, dramaturga... hasta que encuentra su espacio en la dirección escénica.

Dirige durante seis años (2003- 2009) el Grupo de Teatro Universitario Isabel-y-no en la Universidad de Zaragoza. Es ayudante de dirección de Luis Merchán, con Ciudad Interior Teatro en el espectáculo *Mujeres, sexo y diálogos de salón* (2003), en el que también desarrolla la dramaturgia. También trabaja de ayudante de dirección para Teatro del Temple en el espectáculo *Trenes que van al mar* (2005) y con Mariano Cariñena en el Centro Dramático de Aragón, en el espectáculo *La Tesorina* (2006). Posteriormente escribe, en colaboración con Alfonso Plou, y dirige *Historia de un melocotonero* (2008), producida por Templanza Producciones.

En 2013 funda la Compañía La Casa Escénica, con la que estrena Marx en el Soho ese mismo año, espectáculo con el que recibe en 2017 el VI Premio del Público al Mejor Espectáculo Nacional en la Sala Russfa de Valencia. En 2017 colabora con Alfonso Plou en la dramaturgia y dirige *Guerra... ¿y si te pasara a ti?*, texto a partir de la novela de Janne Teller.

En abril de 2025 estrena *Hilos de sangre*, producido por la compañía Riesgo Teatro y dirigido por Félix Martín.

Forma parte del equipo de redacción de la revista Noches de jardín desde 2019.

Ha participado en las antologías de la editorial Invasoras en *Gaza, campo de exterminio* (2024) y *Biofascismo* (2025).